Inhalt

Expeditionsvorbereitungen

Nur keine Hektik! Wie es sich für jede ordentliche Expedition gehört, müssen erst ein paar Startvorbereitungen getroffen werden. Auch wenn du schon seit längerem stolzer Besitzer einer Becherlupe bist, solltest du dieses Kapitel aufmerksam lesen: Es enthält wichtige Informationen, wie die Forschungsreise für alle Beteiligten zum Erfolg wird, und vor allem Hinweise über den richtigen Umgang mit den Minimonstern!

Worum geht's in diesem Buch? Ganz einfach: Zusammen mit Maria, Alex und Humboldt gehst du auf eine abenteuerliche Expedition. Ausgestattet mit deiner Becherlupe und ein paar weiteren Ausrüstungsgegenständen, erforschst du eine Welt voller atemberaubender Schönheit und prickelnder Spannung.

Auf jeder Station dieser Entdeckungsreise werdet ihr in einer geheimen Becherlupenaktion ein Minimonster genauer unter die Lupe nehmen. Dabei lernst du eine Menge Interessantes über die Tiere und über Biologie im Allgemeinen. Du erfährst, wie man die Krabbeltiere den Insekten, Würmern, Spinnen usw. zuteilt, wie sie sich in ihrer Welt zurechtfinden, wie sie fressen und atmen, wie sie sich fortbewegen, wie sie jagen oder sich vor Feinden schützen und noch vieles, vieles mehr.

Darüber hinaus findest du in diesem Buch eine Menge verblüffender Tatsachen und erstaunlicher Rekorde aus dem Reich der Minimonster. Hättest du vielleicht vermutet, dass ein Floh ungefähr 200-mal so weit hüpfen kann, wie er selbst lang ist? Stell dir vor, du hättest die gleiche Fähigkeit – dann könntest du mit einem Satz mehr als zwei Fußballfelder überspringen!

Andreas Hoffmann

Das Becherlupen-Buch

Expedition ins Reich der Minimonster

Illustrationen von Ralf Butschkow und Gerd Ohnesorge

Edition moses

ISBN 3-929130-77-7

Layout, Typografie und Satz: Matti Schneider, Fürth

Einbandgestaltung: Ralf Butschkow, Berlin

Lektorat: Dr. Anne Emmert, Creglingen

Wissenschaftliche Fachberatung: Dipl. biol. Doris Zimmer, Quarnbek

Printed in Italy

Schließlich gibt es in jedem Kapitel Anregungen für Experimente, Basteleien oder Spiel und Spaß: Beim Fliegenfängerspiel zum Beispiel wirst du mit deinen Freunden bestimmt eine Menge Spaß haben! Oder mit dem selbst gebastelten Marienkäfer-Daumenkino, das ohne viele Worte veranschaulicht, was es mit dem schwierigen Begriff „Metamorphose" auf sich hat.

Die Ausrüstung

Das wichtigste Instrument deiner Expeditionsausrüstung ist natürlich die Becherlupe:

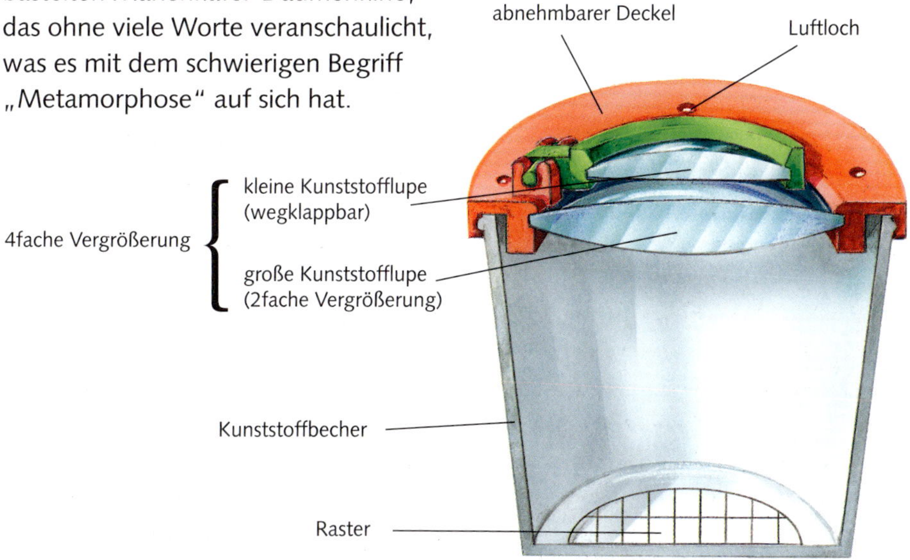

In den Kunststoffbecher gibst du das Tier, das du betrachten möchtest, vorsichtig hinein. Am Boden siehst du ein 5-Millimeter-Raster: Damit kannst du die wahren Größenverhältnisse des Tieres besser einschätzen. Der Becher lässt sich natürlich auch mit Wasser auffüllen. Tiere, die im Wasser leben, kannst du darin schwimmen lassen und dabei prima beobachten. Bei anderen Tieren ist es vorteilhaft, ein paar Blätter oder etwas Erde mit in den Becher zu geben. Genaueres erfährst du im jeweiligen Kapitel.

Der Deckel besteht aus zwei Kunststofflupen, die alles vergrößern, was sich unter ihnen befindet. Wenn du die kleine Lupe wegklappst, zeigt dir die große Lupe den Becherinhalt in 2facher Größe; beide Lupen zusammen „blasen" ihn auf 4fache Größe auf. Damit die Minimonster, die du beobachtest, nicht ersticken, befinden

sich Luftlöcher im Deckelrand. Der Deckel lässt sich auch abnehmen und ohne Becher als „normale“ Lupe verwenden. So kannst du Tiere studieren, die du nicht einfangen willst, kannst oder sollst. Oder solche, die wie der Regenwurm immer die Becherwand hochkriechen.

Die Plastikspinne zeigt dir, wie es aussieht, wenn ein lebendiges Tier in der Becherlupe sitzt. Mit ihr kannst du den Umgang mit der Becherlupe zunächst einmal üben. Experimentiere ruhig ein wenig herum. Probiere beide Vergrößerungsstufen aus, kippe die Lupe hin und her und halte sie dir jeweils in verschiedenen Abständen vor dein rechtes oder linkes Auge. Kneife das andere Auge zu; so kannst du dich voll und ganz auf das Lebewesen im Becher konzentrieren. Günstig ist eine helle Unterlage. Sie reflektiert das Licht und sorgt für einen besseren Kontrast.

Gelegentlich solltest du deine Becherlupe mit einem weichen Tuch und Seifenwasser reinigen. Eine Putzaktion ist vor allem immer dann angesagt, wenn du Erde oder Tümpelwasser eingefüllt hast. Achte darauf, dass du Staub- und Schmutzteilchen nie trocken abwischst. Die Linsen verkratzen sonst und du wirst bald keine Freude mehr an deiner Becherlupe haben. Wichtig ist auch, dass du den Becher innen anschließend trockenwischst: Vielen Tierchen machen die Wassertropfen schwer zu schaffen.

Neben der Becherlupe und diesem Buch packst du ein Notizbuch oder ein Schulheft und ein paar Stifte in deinen Forscherrucksack. Damit führst du Buch über eure Expeditionserlebnisse, hältst wichtige Entdeckungen fest, zeichnest die beobachteten Tiere ab usw. Alles, was du sonst noch brauchst, wird bei den einzelnen Expeditionsstationen aufgelistet.

Wichtig ist auch die geeignete Kleidung, denn als gestandener Naturforscher marschierst du natürlich nicht in deinen besten Klamotten los: Zu einer schon etwas älteren Jeans, die auch mal schmutzig werden darf, ziehst du ein bequemes Hemd an. Wie die Hose sollte es möglichst viele Taschen haben. Mit robusten Schuhen bewegst du dich auch in schwierigem Gelände sicher. Und in einer wetterfesten Jacke machen dir Wind, Regen und Kälte (zumindest eine Weile) nichts aus.

Zu guter Letzt brauchst du viel Zeit und Geduld, denn nicht alle Tiere sind immer sofort aufzufinden und freiwillig wird auch kaum ein Minimonster in deine Becherlupe spazieren. Angaben darüber, zu welcher Tages- und Jahreszeit du ein Tier am besten

beobachten kannst, findest du im jeweiligen Expeditionskapitel.

Wie es sich für eine richtige Forschungsreise gehört, erstreckt sich deine Becherlupen-Expedition über mehrere Wochen, ja Monate. Mit Rückschlägen und Misserfolgen ist zu rechnen und du wirst sicher auch mal umkehren und von Neuem losgehen müssen. Nimm dir für die ganze Expedition und jede einzelne Etappe genügend Zeit. Es ist gar nicht möglich, die Forschungsreise „am Stück herunterzureißen", weil nicht alle Minimonster zur gleichen Jahreszeit zu beobachten sind. Wenn du das Gefühl hast, dass bei einem Tier dein Wissensdurst noch nicht ausreichend gestillt ist, besuchst du den Expeditionshalt einfach so oft, wie du es für erforderlich hältst. Übrigens: Zusammen mit einem Freund oder einer Freundin macht es doppelt so viel Spaß, das Reich der Minimonster zu erforschen! Und bei weiteren Strecken solltet ihr eure Drahtesel satteln – euren Füßen zuliebe ...

So funktioniert eine Lupe

Wir sehen einen Gegenstand, indem unsere Augen Lichtstrahlen, die von dem Gegenstand zurückgeworfen werden, aufnehmen, bündeln, in Signale umsetzen und diese ans Gehirn weiterleiten; dort werden die Informationen ausgewertet. Hauptbestandteil jeder Lupe ist eine Sammellinse. Ober- und Unterseite sind nach außen gewölbt – der Fachmann bezeichnet eine solche Linse als „konvex". Wenn man so eine Sammellinse vor einen Gegenstand hält, lenkt sie die von ihm zurückgeworfenen Lichtstrahlen um. Man sagt: Die Linse bricht das Licht. Auf diese Weise sorgt sie dafür, dass uns ein Gegenstand größer erscheint, als er in Wirklichkeit ist.

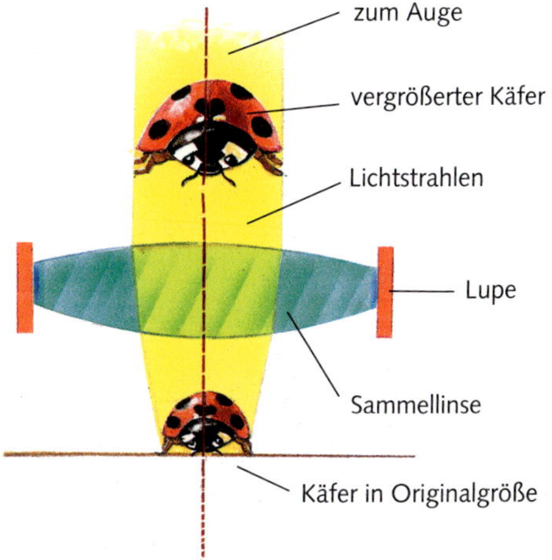

Was heißt hier „Ungeziefer"?

Bevor es jetzt richtig losgeht, noch etwas sehr Wichtiges: Alle Tiere, ob groß oder klein, sind Lebewesen wie du und haben ihren Wert. Vor allem kleine Tiere werden oft als „Schädlinge" oder „Ungeziefer" bezeichnet. So eine Sichtweise ist einseitig vom Denken der Menschen bestimmt. Sie

beurteilen die Tiere oft danach, welchen unmittelbaren Nutzen oder Schaden sie ihnen bringen. Die Natur kennt solche Wertungen nicht. In ihr hat jedes Lebewesen seinen Platz und seine Aufgabe, und sei es nur als Nahrung für andere.

Als echter Becherlupenprofi gehst du daher bitte so schonend wie möglich mit den Minimonstern um. Fasse sie nur sehr vorsichtig an; einen Regenwurm zum Beispiel hebst du am besten nur mit einem Stift oder Ästchen in die Becherlupe. Beim Fangen eines Tieres musst du immer darauf achten, dass du es nicht verletzt; lass es im Zweifelsfall lieber entkommen und starte einen zweiten Versuch. In den Kapiteln wird jeweils genau beschrieben, wie du ein Tierchen in deine Becherlupe bugsierst. Bitte halte dich immer genau daran.

Wenn du dir ein Minimonster angesehen hast, setzt du es möglichst dort aus, wo du es eingefangen hast. Sperre Tiere höchstens 10 bis 15 Minuten ein; viele vertragen eine längere Gefangenschaft nicht und gehen sehr bald zugrunde.

Für alle Tiere, deren Beobachtung in diesem Buch nicht ausführlich beschrieben ist, gilt allgemein: Frage immer erst Eltern oder Lehrer, ob du sie fangen darfst. Viele kleine Lebewesen sind in ihrem Bestand gefährdet. Sie stehen deshalb unter strengem Naturschutz. (In Naturschutzgebieten, die durch besondere Schilder kenntlich gemacht sind, darf man ohne vorherige Genehmigung überhaupt nichts einfangen!) Andere Tiere stechen oder verspritzen giftige oder unangenehm riechende Flüssigkeiten. Bitte lass die Finger von den einen wie den anderen!

Nachdem die wichtigsten Vorbereitungen getroffen sind, kann es losgehen. Viel Spaß beim Erkunden und Erforschen!

Überraschende Entdeckungen im Basislager

Bei jeder richtigen Forschungsreise wird zuerst ein Basislager eingerichtet. Es dient als Ausgangspunkt für alle Expeditionsziele. Im Basislager werden Ausrüstung und Nahrungsvorräte verstaut. Die Teilnehmer erholen sich hier von den Mühen und Strapazen schon durchgeführter Unternehmungen und bereiten sich auf neue Abenteuer vor.

Dein Basislager für alle weiteren Forschungsetappen ist eure Wohnung. Vorräte sind in der Küche genügend gebunkert, sodass du dich zwischendurch immer wieder stärken kannst. Nach jeder Erkundung befreist du dich im Bad von Staub, Schweiß und Dreck, wech-

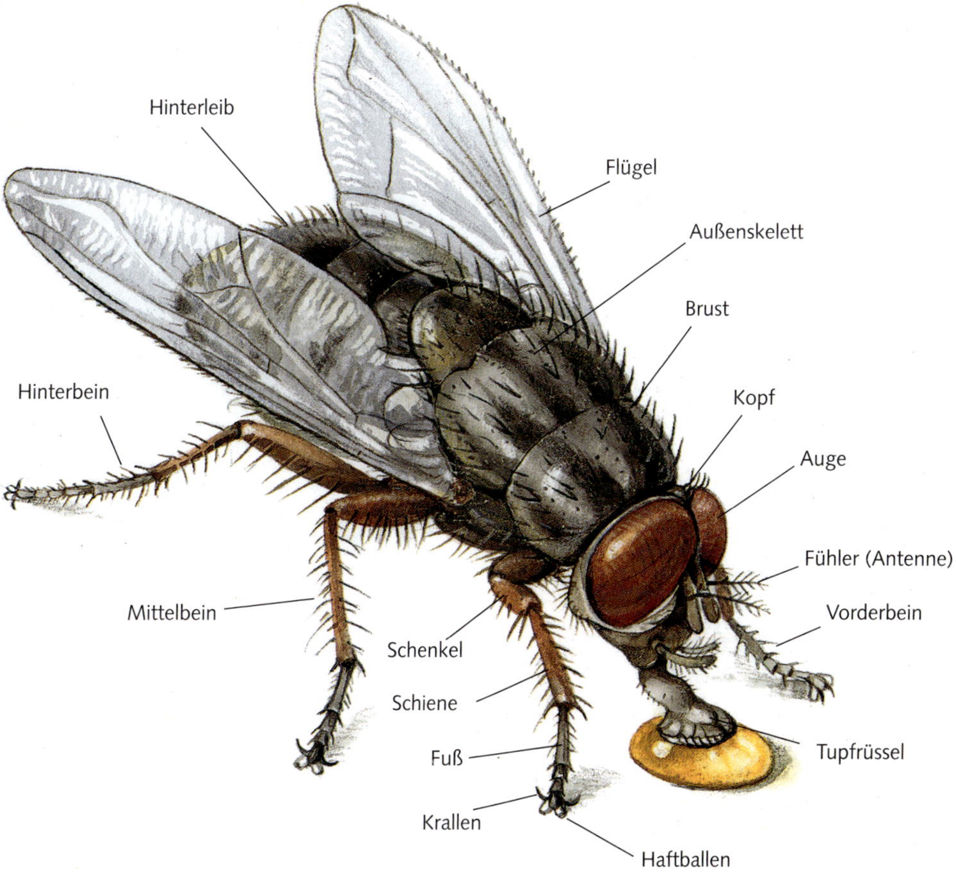

selst in deiner Bude die Kleidung, ruhst dich aus und tankst Kräfte für die nächste Etappe.

Bereits im Basislager entdecken und erforschen wir unser erstes Minimonster: Hier hält sich zu jeder Tageszeit von den ersten warmen Tagen bis in den Herbst hinein mit Vorliebe die **Große Stubenfliege** *auf. Bisher ist sie dir vielleicht nur als lästiger Plagegeist unangenehm aufgefallen. Tatsächlich sollte man auch alle Lebensmittel vor ihr in Sicherheit bringen, denn sie kann gefährliche Krankheiten übertragen. Doch darüber hinaus hat die Stubenfliege ihren schlechten Ruf und die gnadenlose Verfolgung nicht ganz verdient: Als Futter für andere Tiere hat sie für das Gleichgewicht der Natur große Bedeutung. Deine Meinung über diesen verachteten Hausgenossen wirst du möglicherweise schon bald ändern ...*

Minimonster zeichnen sich durch eine unglaubliche Vielfalt an Größen, Formen, Farben und Arten aus. In der Zoologie, der Wissenschaft von den Tieren, versucht man, Lebewesen mit ähnlichen Merkmalen zusammenzufassen und auf diese Weise etwas Ordnung zu schaffen.

Becherlupen-Aktion 01/Tarnname: Stubenfliege

Es ist gar nicht so einfach, eine Stubenfliege in die Becherlupe zu bekommen. Hier ein paar Tipps, wie dir das am besten gelingt. Wenn alle Stricke reißen, kannst du zur Not auch eine tote Fliege nehmen – die findest du im Sommer oft auf dem Fensterbrett. Viel interessanter ist allerdings eine lebendige Fliege.

Du brauchst:

1 Glas,
etwas Zucker,
Wasser,
1 Strohhalm oder
1 Blatt Papier oder
1 geschickten Erwachsenen
deine Becherlupe

So wird's gemacht:

1. Rühre ein paar Löffel Zucker in ein Glas Wasser, nimm den Lupendeckel ab und gib mit einem Strohhalm einige Tropfen der Zuckerlösung auf den Becherboden. Über kurz oder lang wird sich eine Stubenfliege für diesen Schmaus interessieren. Sobald sie im Becher sitzt: Deckel drauf!

2. Oft findest du Fliegen auch an Fensterscheiben. Dort versuchen sie vergeblich, durch das durchsichtige Glas ins Freie zu gelangen. Pech für sie, Glück für dich! Versuche den Becher über eine hilflose Fliege zu stülpen. Schiebe dann ein Blatt Papier zwischen Fensterscheibe und Becherrand und stelle beides zusammen auf den

Für uns sind vor allem Tiere von Interesse, die zu den so genannten Wirbellosen gehören: Sie sind meist nicht größer, als die Becherlupe im Durchmesser misst. Zu den Wirbellosen zählt unter anderem die Klasse der Insekten, die artenreichste Klasse im Tierreich. Die Stubenfliege ist ein Insekt. Käfer, Grashüpfer, Bienen, Ameisen und Schmetterlinge sind ebenfalls Insekten.

Tisch. Anschließend ersetzt du das Papier durch den Lupendeckel. Pass auf, dass dir der flinke Flieger dabei nicht entwischt!

3. Trick 17 – das ist die einfachste Methode: Bitte deine Eltern oder Großeltern, dir eine Stubenfliege mit bloßer Hand (nicht mit der Fliegenklatsche!) zu fangen.

4. Jetzt kannst du die Stubenfliege in Ruhe studieren. Betrachte abwechselnd die Fliege und die große Zeichnung auf Seite 9 und sieh nach, ob du bei der lebendigen Ausgabe alle Einzelheiten wieder findest. Lass das Tier anschließend draußen frei.

Alle ausgewachsenen Insekten haben folgende Merkmale gemeinsam: Ihr Körper ist deutlich in drei Abschnitte gegliedert – Kopf, Brust und Hinterleib. Von dieser Dreiteilung rührt auch die Bezeichnung „Insekt" her: Das lateinische Wort „insecta" bedeutet so viel wie „eingeschnittene Tiere" und im Deutschen bezeichnet man Insekten daher auch als „Kerbtiere". Statt eines Knochengerüstes im Körperinneren haben Insekten ein Außenskelett. Das ist eine Art Panzer, der ihrem Körper Festigkeit verleiht. Alle Insekten haben 6 Beine, die in 3 Paaren angeordnet sind und am Brustabschnitt entspringen. Am Kopf sitzen 2 Fühler, die man auch Antennen nennt, sowie 2 Facettenaugen. Die meisten Insekten haben 1 oder 2 Paar Flügel.

Nicht alle Minimonster sind automatisch Insekten. Die Kreuzspinne zählt

GROSSE STUBENFLIEGE

Klasse: Insekten

Größe: 7 bis 9 Millimeter

Höchstalter: ca. 2 Monate; eine Generation überwintert und wird daher älter

Lebensraum: bevorzugt in warmen Wohnräumen und Ställen

Nahrung: Essensabfälle, Süßes (Obstsäfte, Zucker), Kot

zum Beispiel zur Klasse der Spinnentiere. Ihre Körper sind nur in zwei Abschnitte – Kopfbrust und Hinterleib – gegliedert; sie haben 8 Beine und keine Flügel. Die Kellerassel gehört zu den Krebsen. Bei diesen ist zwar wie bei den Spinnentieren der Kopf oft mit Teilen der Brust zusammengewachsen, sie besitzen jedoch mehr Beinpaare. Bei der Kellerassel sind es 7. Über noch weit mehr Beine verfügt der Hundertfüßer, der zu den Tausendfüßern zählt. An jedem der vielen Segmente – das sind die Abschnitte, aus denen sich sein Rumpf zusammensetzt – entspringt ein Beinpaar. Der Regenwurm schließlich gehört zur Klasse der Gürtelwürmer; er hat überhaupt keine Beine. Sein Körper ist ebenfalls in Segmente unterteilt.

WUNDERBAUSTOFF

Das Außenskelett, aber auch andere Körperteile wie Mundwerkzeuge, Beine, Fühler und Flügel von Insekten und vielen anderen Minimonstern, besteht aus einem Stoff, der „Chitin" heißt. Dieses Chitin hat wirklich außerordentliche Eigenschaften: Es ist leicht und dünn, gleichzeitig aber unglaublich hart und zäh. Manche Insekten können mit ihren Mundwerkzeugen sogar Metalle wie Blei und Kupfer durchtrennen!

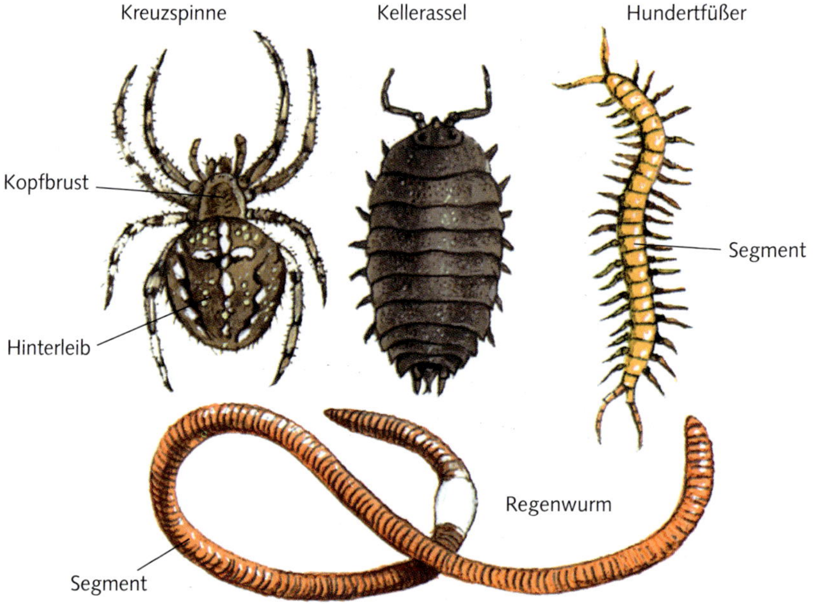

Daran sitzen anstelle von Beinen jeweils 4 Borstenpaare, die dem Regenwurm beim Kriechen helfen.

Bei näherem Hinsehen gibt es also gewaltige Unterschiede zwischen den verschiedenen „Krabbeltieren". Eines aber haben alle Minimonster gemeinsam: Jedes für sich ist ein wahres Wunderwerk der Natur. Auf den ersten Blick klein und unscheinbar, offenbart es unter der Lupe, wie perfekt es gebaut ist und dass es wie jedes große Tier alles hat, was es zum Leben benötigt.

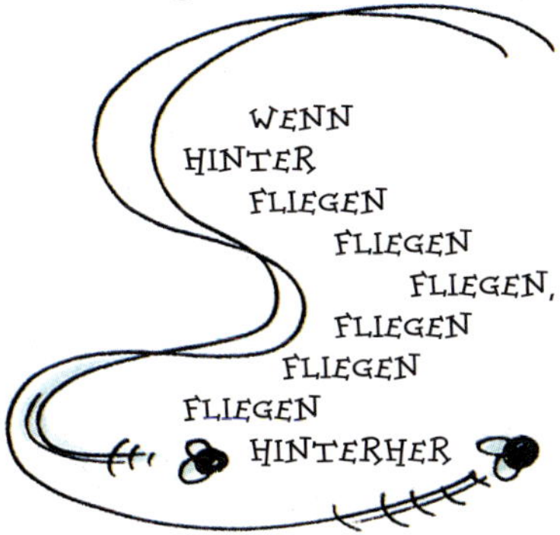

Die Fliegenfänger

Dieses Spiel bringt Stimmung in jede Geburtstags- oder Gartenparty. Probier's aus!

Du brauchst:

möglichst viele Mitspieler
möglichst viel Speiseeis

So wird gespielt:

1. Zuerst wird ausgelost, wer die Fliege ist. Sie muss versuchen, sich unter lautem Brummen an einen Becher leckeres Eis heranzumachen.

2. Die Fliegenfänger müssen die Fliege daran hindern. Sie versuchen, den frechen Nascher abzuschlagen: Sobald er von einem der Fänger auch nur berührt wird, hat er verloren. Damit das nicht zu einfach wird, dürfen die Fliegenfänger nur auf einem Bein hüpfen und müssen einen Abstand von mindestens 3 Metern zum Eis einhalten.

3. Der Fliegenfänger, dem es gelingt, die Fliege zu erwischen, wird im nächsten Durchgang die Fliege.

4. Gelingt es der Fliege jedoch, zum Eis zu gelangen, darf sie aussetzen und ihr Eis in Ruhe essen. Währenddessen wird ein neues Eis aufgestellt, die restlichen Mitspieler bestimmen eine neue Fliege und das Spiel beginnt von vorne.

Im Reich der Sinne

Nach den ersten ermutigenden Forschungsergebnissen im Basislager schlägst du dich zusammen mit Maria, Alex und Humboldt furchtlos zum

Becherlupen-Aktion 02/Tarnname: Kohlweißling

Der Kohlweißling flattert ziemlich schnell durch die Luft, sodass du ihn mit bloßer Hand kaum erwischen wirst. Und das sollst du auch gar nicht, denn mit deinen Fingern würdest du ihm nur die zarten Flügel beschädigen. Du fängst ihn daher mit einem Schmetterlingsnetz. So ein Netz kannst du fertig kaufen. Es macht aber mehr Spaß und spart außerdem Taschengeld, sich selber eines zu basteln. Für den Fall, dass es in deiner näheren Umgebung keine Kohlweißlinge geben sollte, kannst du auch einen Kleinen Fuchs fangen und betrachten; diese Schmetterlingsart ist in unseren Breiten ebenfalls sehr häufig.

Du brauchst:

für das Schmetterlingsnetz:
- 1 Stück alte, feine Gardine
- Nadel und Faden
- 1 ca. 100 cm langen Stock
- ca. 50 cm stabilen Draht

deine Becherlupe

So wird's gemacht:

1. Zunächst baust du dir dein Schmetterlingsnetz. Die Zeichnungen zeigen dir Schritt für Schritt, wie's geht:

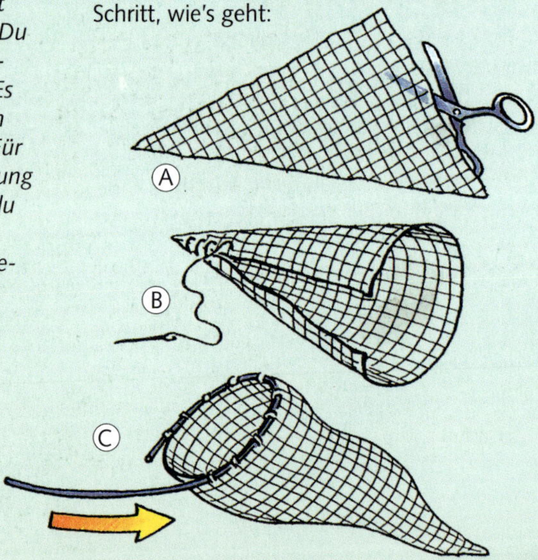

2. Jetzt gehst du auf Schmetterlingsfang. Wenn du einen Kohlweißling entdeckt hast, gibt es zwei Möglichkeiten:

3. Sitzt er auf einem Grashalm oder Stamm, versuchst du, das Netz senkrecht von oben über ihn zu werfen. Pass auf, dass du ihn dabei nicht mit der Drahthalterung streifst!

4. Flattert er vor dir durch die Luft, folgst du ihm und schwingst das Netz in weitem Bogen hin und her. Mit etwas Glück hast du den Kohlweißling bald im Netz. Klappe das Netz vorsichtig zur Seite, damit sich die Öffnung *ersten Ziel in der freien Wildnis durch: Der Gemüsegarten, die Wiese hinter dem Haus oder ein naher Acker birgt das nächste Minimonster, dem wir auf die Spur kommen wollen – den* **Großen Kohlweißling**. *Vom Frühjahr bis in den Oktober hinein gaukelt er durch die Luft. Die Weibchen sind leicht von den Männchen zu unterscheiden: Sie tragen zusätzlich zum breiten schwarzen Rand je zwei schwarze Flecken auf den Vorderflügeln.*

ıließt und dir
ır Falter nicht gleich
eder entkommt.

In beiden Fällen legst du dann den Netz-
ıd an deine Becherlupe und streifst den
ıhlweißling vorsichtig hinein. Deckel drauf,
schafft! Jetzt kannst du deinen Fang in aller
ıhe betrachten.

Lies dir den folgenden Text aufmerksam
ırch und suche vor allem nach Fühlern und
ıgen des Schmetterlings. Versuche sie in
inem Notizbuch groß abzuzeichnen. Lass
s Tier dann möglichst bald wieder frei!

Kleiner Fuchs

Großer Kohlweißling

Um sich in ihrer Welt zurechtzufinden, verfügen Minimonster genau wie du über verschiedene Sinnesorgane. Mit ihnen sehen, hören, riechen, schmecken und fühlen sie, was sie umgibt und was um sie herum vor sich geht. Ihre Sinnesorgane sind zwar oft genauso hoch entwickelt, jedoch zum größten Teil völlig anders gebaut als die des Menschen und anderer Wirbeltiere. Stellvertretend für viele andere Minimonster kannst du dir das beim Kohlweißling ansehen.

GROSSER KOHLWEISSLING

Klasse: Insekten

Größe: 30 bis 40 Millimeter lang; 50 bis 70 Millimeter Flügelspannweite

Höchstalter: ca. 3 Monate

Lebensraum: Gärten, Wiesen, Felder, Brachland

Nahrung: bevorzugt Blütennektar von Ackersenf und allen Kohlarten

Facettenauge des Großen Kohlweißlings

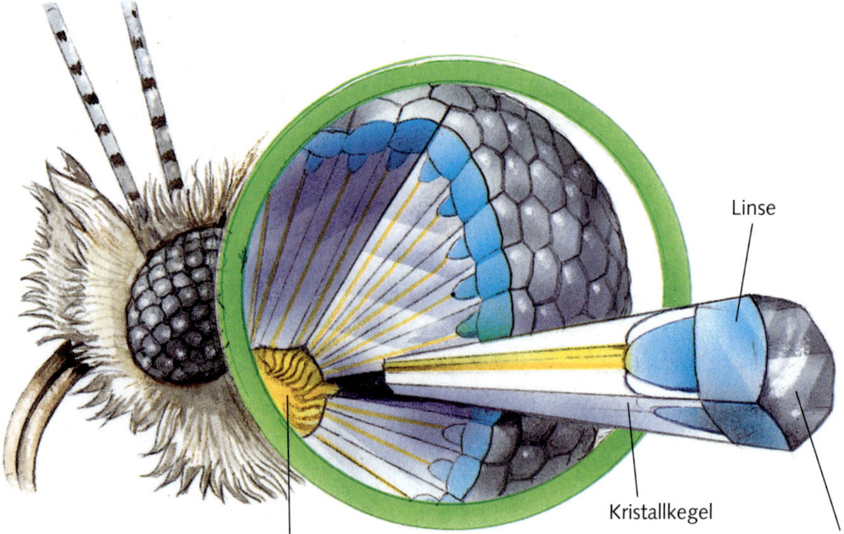

Für dich noch am ehesten als Sinnesorgane erkennbar sind die Augen. Sie sehen aus wie große graue Halbkugeln und sind völlig anders aufgebaut als die Linsenaugen der Säugetiere. Jedes besteht aus mehreren hundert sechseckigen Einzelaugen. Sie liefern

Teilbilder, die im Gehirn des Schmetterlings wie die Steinchen eines Mosaiks zu einem Gesamtbild verschmelzen. Dieses ist nicht mit dem scharfen Bild vergleichbar, das du siehst. Dafür zeigt es einen viel größeren Ausschnitt: Schmetterlinge können gleichzeitig in alle Richtungen sehen, ohne sich bewegen zu müssen. So erkennen sie auch sehr schnell Feinde, die sich ihnen beispielsweise von hinten nähern.

Auf der Suche nach der Nase hast du bei deinem Kohlweißling schon größere Probleme! Er hat keinen „Zinken“ wie wir, auch wenn sein Saugrüssel ein klein wenig daran erinnert. Vielmehr riechen Schmetterlinge mit ihren Fühlern. Die Bezeichnung „Fühler“ ist etwas irreführend, denn diese Antennen dienen nicht nur zum Fühlen und Tasten, sondern hauptsächlich zum Riechen.

Künstlicher Sturm für 'nen Regenwurm

Bei diesem Experiment geht es um den Tastsinn von Regenwürmern. Beim nächsten Halt unserer Expedition weißt du dann schon, wie du an einen Regenwurm kommst.

Du brauchst:

1 Beet oder 1 Wiese
1 Brettchen

So geht's:

1. Schiebe das Brettchen schräg in die Erde.

2. Trommle eine Zeit lang mit den Fingern oben auf dem Brettchen herum.

3. Nach einiger Zeit kommen die Regenwürmer aus der Erde hervor. Sie spüren die Erschütterungen, die du durch dein Klopfen verursachst. Für sie ist es, als regnete es. Deshalb flüchten sie an die Oberfläche, um in ihren Gängen nicht zu ertrinken.

SUPERRIECHER

Viele Nachtfalter können ungeheuer gut riechen. Die männlichen Tiere finden allein über ihren Geruchssinn zu paarungsbereiten Weibchen, die oft kilometerweit von ihnen entfernt in winzigsten Mengen Duftstoffe abgeben. Bei einem Versuch konnte zum Beispiel ein Schwammspinner-Männchen ein sage und schreibe 16 Kilometer weit entferntes Weibchen ausmachen!

Genau wie das Schwammspinner-Männchen kann auch das Nachtpfauenauge mit seinen Antennen hervorragend riechen.

Die Antennen setzen sich aus vielen kleinen Gliedern zusammen und sind beim Kohlweißling am Ende keulenartig verdickt. Sie sind dicht mit Riechzellen besetzt und sehr leistungsfähig. So kann der Kohlweißling zum Beispiel eine Nahrungsquelle genau orten.

2

1

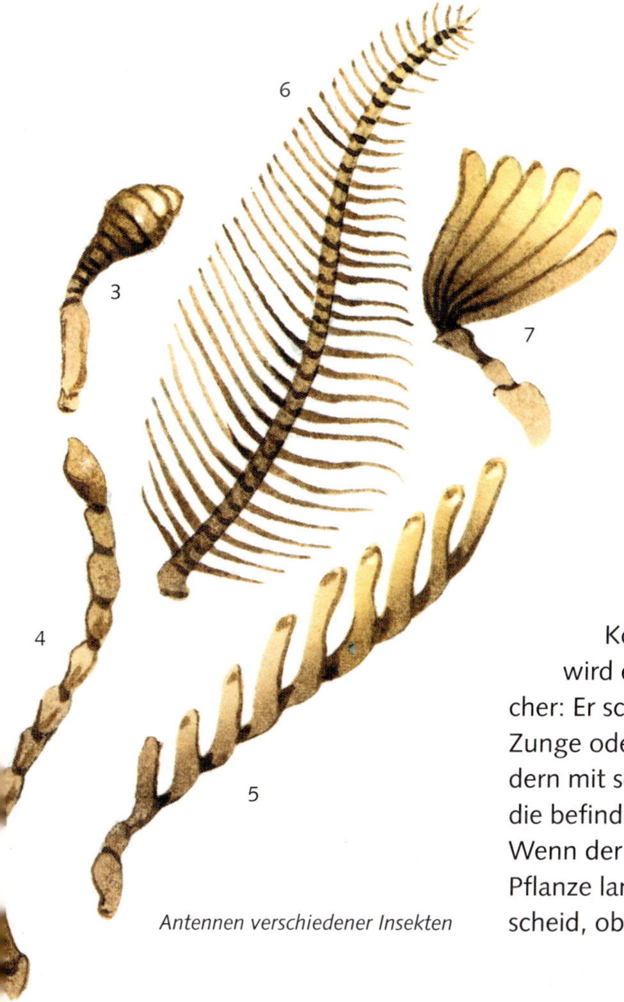

1 Tagfalter
2 Heuschrecke
3, 4 und 5 verschiedene Käfer
6 Nachtfalter
7 Maikäfer

Antennen verschiedener Insekten

Was den Gehör- und Geschmackssinn deines Kohlweißlings angeht, so wird es hier noch ungewöhnlicher: Er schmeckt nicht etwa mit einer Zunge oder seinem Saugrüssel, sondern mit so genannten Sensillen – und die befinden sich an den Füßen! Wenn der Schmetterling also auf einer Pflanze landet, weiß er sofort Bescheid, ob das Verweilen lohnt.

Anstelle von Ohren verfügt der Kohlweißling schließlich über „Trommelfellorgane". Das sind grubenförmige Vertiefungen im Brustabschnitt des Tieres, die mit Membranen überspannt sind. Geräusche und Töne versetzen die Membranen dieser „Bauchohren" in Schwingungen, die über besondere Nervenzellen in Höreindrücke umgewandelt werden.

Bei anderen Minimonstern sind die Sinnesorgane ähnlich ungewöhnlich. Manche Insekten hören mit den Fühlern, wieder andere mit den Knien und Spinnen riechen mit den Füßen. Hättest du gedacht, dass die Welt der Krabbeltiere derart spannende Entdeckungen bereithält? Und es wird noch eine Menge weitere Überraschungen geben! Deshalb: Auf zur nächsten Station unserer Forschungsreise ins Reich der Minimonster!

Bei den fleißigen Erdfressern

Diese Etappe unserer Expedition ist nichts für Kinder mit schwachen Nerven, die Angst vorm Dunkeln haben: Jetzt geht's nämlich hinab in die unergründlichen Tiefen des Erdreiches. Dort lebt ein seltsames Gruseltier, das sich durch die Erde gräbt, indem es diese unablässig voller Genuss in sich hineinstopft. Und das in gewaltigen Mengen: in 24 Stunden eine Portion, die seinem eigenen Gewicht entspricht! Du ahnst bereits, um wen es sich handelt: den ***Regenwurm****.*

GEMEINER REGENWURM

Klasse: Gürtelwürmer

Größe: 2 bis 30 Zentimeter

Höchstalter: bis zu 10 Jahre

Lebensraum: Erdboden

Nahrung: Erde, zersetzte Pflanzen und Tiere, Laub, Bakterien, Pilze

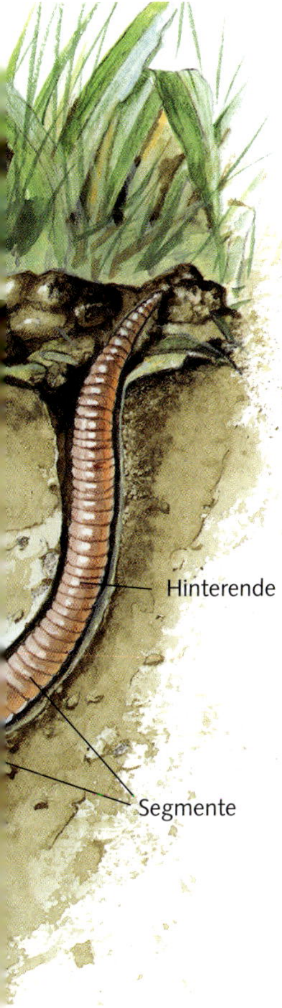

Becherlupen-Aktion 03/Tarnname: Regenwurm

Im Gegensatz zu den Tieren der ersten beiden Forschungsetappen bekommst du den Regenwurm ohne große Probleme in deine Becherlupe. Vor den ersten wärmeren Frühlingstagen hat die Regenwurmpirsch allerdings keinen Sinn, denn während der kalten Jahreszeit verkrümelt sich das Tierchen tief in den Erdboden.

Du brauchst:

1 Gartenschaufel
deine Becherlupe

So wird's gemacht:

1. Mit der Gartenschaufel buddelst du eine Stelle im Gemüsebeet oder in der Wiese etwas auf. Auf der Wiese tust du dich am leichtesten, wenn du in einem Maulwurfshügel gräbst; dort hat sich schon jemand anders für dich durch die Grasnarbe gekämpft. Bereits nach wenigen Zentimetern müsstest du auf einen Regenwurm stoßen. Achtung: Grabe sehr vorsichtig, damit du mit deiner Schaufel nicht aus Versehen einen Wurm zerteilst.

2. Oder du drehst einfach einen Stein um. Darunter findest du mit großer Wahrscheinlichkeit neben anderen lichtscheuen Kollegen auch einen Regenwurm.

3. Trick 17: Du kannst Regenwürmer auch aus der Erde locken, indem du ihnen vorgaukelst, dass es regnet. Wie das genau geht, ist auf Seite 17 beschrieben. Wenn dir Regen nichts ausmacht, hast du noch leichteres Spiel: Dann wimmelt es auf Straßen und Wegen nur so von Regenwürmern.

4. In allen Fällen hebst du den Wurm vorsichtig mit einem Stöckchen in deine Becherlupe. Betrachte ihn dir eine Weile „nackt" und gib anschließend etwas Erde in den Becher. Mit dem Lupendeckel kannst du jetzt studieren, wie sich der Regenwurm bewegt und am Becherrand entlang durch die Erde frisst. Achtung: Regenwürmer vertragen kein Tageslicht. Wenn sie der Helligkeit zu lange ausgesetzt sind, gehen sie zugrunde.

5. Lass den Regenwurm anschließend dort wieder frei, wo du ihn gefangen hast.

Um leben zu können, müssen alle Tiere Nahrung zu sich nehmen. Sie enthält neben anderen Bestandteilen vor allem Nährstoffe, die zwei wichtige Aufgaben erfüllen. Ein Teil von ihnen dient als Baustoffe, die für das Wachstum benötigt werden. Der andere Teil, die Betriebsstoffe, wird in den Körperzellen mit Sauerstoff verbrannt. Dadurch wird Energie frei, die das Tier für alle Lebensvorgänge braucht. Dazu gehören zum Beispiel die Atmung und alle Muskelbewegungen – von der Kaubewegung bis hin zum Sprung.

Miniregenwurmfarm

Die kleine Humusfabrik funktioniert genauso wie eine echte Regenwurmfarm. Dort „ackern" allerdings wesentlich mehr Mitarbeiter: In jedem Kubikmeter Biomüll sind ungefähr 1000 Regenwürmer damit beschäftigt, feinsten Humus herzustellen. Doch auch mit der geringen Menge Wurmhumus, die du in deiner Farm gewinnst, kannst du schon etwas anfangen: Sie ernährt zum Beispiel eine Tomatenpflanze.

Du brauchst:

1 lichtundurchlässigen Behälter mit Deckel (z.B. einen Schuhkarton)
10 Regenwürmer
etwas gekauften Kompost
Wasser
zerkleinerten Biomüll („organische Abfälle"): verwelkte Pflanzen, Blätter und Blumen, Küchenabfälle (Gemüse- und Obstreste, Kartoffel- und Eierschalen, altes Brot usw.)
1 Stück Maschendraht

So wird's gemacht:

1. Bedecke den Boden des Behälters mit einer dünnen Lage Kompost.

2. Auf den Kompost setzt du nun die Regenwürmer. Wie du an sie herankommst, ist am Anfang dieses Kapitels beschrieben. Da die Regenwürmer kein Licht vertragen, verziehen sie sich eiligst in den Kompost.

3. Auf das Ganze verteilst du gleichmäßig Biomüll, bis der Behälter voll ist. Dann noch etwas gießen (ganz wenig!), den Deckel drauf, den Behälter an einen warmen Ort stellen und ... abwarten.

4. Nach zwei Wochen siehst du nach, ob auf deiner Farm auch ordentlich gearbeitet wird. Und tatsächlich: Der Biomüll ist weniger geworden, die Kompostlage darunter

Alle Tiere und auch der Mensch ernähren sich entweder von Pflanzen oder von anderen Tieren, manchmal auch von beidem. Damit die Nahrung in das Innere des Körpers gelangen kann, muss sie zunächst zerlegt und zerkleinert werden. Wir Menschen haben dazu Kiefer mit Zähnen; damit können wir zum Beispiel einen Bissen Brot abbeißen, zerkauen und herunterschlucken. Wie aber sieht das bei den Minimonstern aus?

Sie bearbeiten ihre Nahrung meistens mit so genannten Mundwerkzeugen, die bei jedem von ihnen anders gestaltet sind. Unser Regenwurm hat nur eine ganz einfache Mundöffnung. Die Nahrung, die er frisst – Erde, vermoderte Tier- und Pflanzenteile, Pilze, Bakterien –, ist meistens schon sehr weich und kleinteilig. Er braucht daher keine speziell geformten Mundwerkzeuge.

Schon wesentlich ausgefeilter und in ihrer Vielgestaltigkeit nahezu unüberschaubar ist die Mundgegend der Insekten. Die Mundwerkzeuge, die rund um die Mundöffnung angeordnet sind, bestehen bei allen aus Oberkiefern, Unterkiefern und Tastern. Abhängig von der Nahrung sind sie jedoch bei jedem einzelnen Insekt anders geformt.

Die Stubenfliege hat zum Beispiel einen Tupfrüssel, mit dem sie flüssige

Tupfrüssel der Fliege

Nahrung wie mit einem Schwamm aufwischt. Bei den Schmetterlingen sind Teile der Mundwerkzeuge zu

entsprechend höher! Jetzt füllst du den Behälter wieder bis zum Rand mit Biomüll auf, gießt etwas Wasser darauf und schließt die Kiste. Das Ganze wiederholst du regelmäßig, bis die Kiste randvoll mit Komposterde ist.

5. Den fertigen Kompost siebst du durch den Maschendraht. Dabei wirst du auch auf deine fleißigen Würmer stoßen, denen du dann die Freiheit schenkst. Den Kompost verwendest du für deine Tomaten- oder Kressezucht.

einem Saugrüssel umgeformt. Damit trinken sie wie durch einen Strohhalm Nektar und andere Pflanzensäfte; wenn er nicht gebraucht wird, rollen ihn die Schmetterlinge zu einer Spirale auf. Mit dem Stech-Saug-Rüssel der Stechmücke hast du sicher schon schmerzhaft Bekanntschaft gemacht: Der Plagegeist durchbohrt damit zunächst die Haut seiner Opfer. Danach saugt er mit dem gleichen Werkzeug wie mit einer Spritze winzige Mengen Blut in seinen Körper.

Saugrüssel des Schmetterlings

Andere Insekten haben kauende und beißende Mundwerkzeuge. Mit einer Art „Zange“ kann zum Beispiel der Grashüpfer kleine Blattstückchen abtrennen und in seinen Schlund befördern. Auf ähnliche Weise zerlegen viele Käfer ihre Nahrung.

„Zange“ der Heuschrecke

Wieder ganz anders geartet sind die Mundwerkzeuge der Spinnen: Sie verfügen über kräftige Giftklauen, die aber weder zum Zerkleinern der Beute in mundgerechte Stücke noch zum Kauen geeignet sind. Vielmehr tötet eine Spinne ihr Opfer, indem sie ihm damit Gift einspritzt. Das Gift sorgt auch dafür, dass sich das Innere des Opfers verflüssigt. Diesen nahrhaften Brei saugt die Spinne anschließend auf.

Stech-Saug-Rüssel der Stechmücke

Giftklauen der Spinne

Nachdem es ein Minimonster nun glücklich geschafft hat, die Nahrung in sich hineinzubefördern, tritt seine Verdauung in Aktion. Die Speise wird in Kropf, Magen und Darm zu einem Brei zermahlen und zerdrückt. Verdauungssäfte und Bakterien sorgen dann für die Zersetzung dieser „Nahrungspampe“ in ihre verschiedenen Grundbestandteile.

Die verwertbaren Stoffe werden von der Darmwand aufgenommen und gelangen über das Blut in die Körperzellen. Dort werden sie „verbaut“ oder in Energie umgewandelt. Alles, was der Körper nicht verwerten

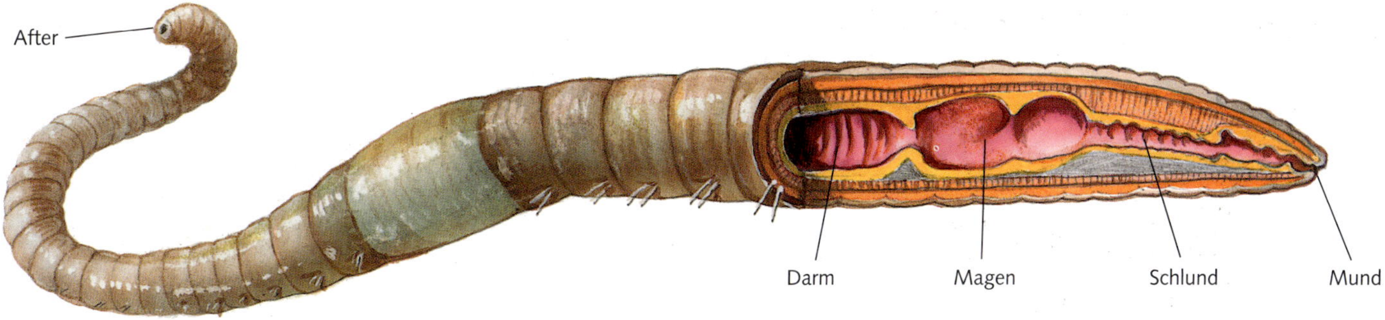

Die Verdauungsanlagen des Regenwurms gleichen einem „Schlauch im Schlauch".

kann, gelangt über den After als Kot wieder ins Freie. Beim Regenwurm nennt man diese Ausscheidungen „Wurmhumus". Er ist äußerst fruchtbar und eine phantastische Nahrung für viele Pflanzen.

Bei einigen Minimonstern geht die Verdauung anders vonstatten: Manche Käfer und vor allem Spinnen sind so genannte Außenverdauer. Sie verflüssigen ihre Beute außerhalb des Körpers vor ihrem Mund und trinken dann diesen nahrhaften „Cocktail". Das Herauslösen der verwertbaren Stoffe im Körper funktioniert anschließend genauso wie eben beschrieben.

WOHL BEKOMM'S!

Regenwürmer sind nicht nur unermüdliche Bodenverbesserer, sondern auch eine willkommene Nahrung für viele Tiere ... und in manchen Teilen der Welt sogar für den Menschen! In Australien gilt der nur dort vorkommende Riesenregenwurm als köstliche Delikatesse. Er wird bis zu 3 Meter lang, 3 Zentimeter dick und 1,5 Kilogramm schwer. Angeblich soll er geröstet am besten schmecken. Mmh, lecker!

War die gerade überstandene Etappe unserer Forschungsreise nichts für Kinder, die Angst vorm Dunkeln haben, so ist diese hier ungeeignet für wasserscheue Landratten: Nachdem sich alle Expeditionsteilnehmer erholt und gestärkt haben, geht es jetzt nämlich hinein ins feuchte Element. Im nächstgelegenen Tümpel, Weiher oder Teich findet man ab Anfang April merkwürdige Schnorcheltaucher: die ***Larven der Stechmücke****. Das sind die „Babys" der lästigen Minivampire, die den ganzen Sommer über auf unser Blut scharf sind.*

Becherlupen-Aktion 04/Tarnname: Stechmückenlarve

Im Teich oder Tümpel ist es möglicherweise etwas schwierig, Stechmückenlarven zu finden. Dort haben sie nämlich eine Menge Feinde, die dafür sorgen, dass sie nicht überhand nehmen.

Wenn du am Tümpel kein Glück hast, probierst du es am besten in der Regentonne in eurem Garten. Du kannst auch einfach einen Eimer Wasser auf den Balkon stellen und abwarten; nach einiger Zeit finden sich Stechmückenlarven von selbst ein.

Du brauchst:

1 schnelle Hand
deine Becherlupe

So wird's gemacht:

1. Sieh dir die abgebildete Stechmückenlarve genau an, knie dich an den Tümpelrand und nimm den Deckel der Becherlupe ab. Tauche den Becher ins Wasser und spähe nach Stechmückenlarven.

2. Hast du eine entdeckt, ziehst du flink den Lupenbecher durch den Tümpel und schöpfst die Stechmückenlarve mitsamt etwas Wasser ein.

3. Nachdem du den Deckel aufgesetzt hast, kannst du die Larve in Ruhe untersuchen: Mit dem Körperende nach oben und dem Kopf nach unten hängt sie unter der Wasseroberfläche. Betrachte dir abwechselnd die große Zeichnung und die Larve in der Lupe. Versuche vor allem, das Atemrohr am Hinterleibsende des Tieres wieder zu finden.

4. Auch wenn du so dafür sorgst, dass es im Sommer eine Stechmücke mehr gibt: Wenn du dich an der Larve satt gesehen hast, schüttest du sie samt Wasser wieder in den Teich zurück!

Bei unserer letzten Etappe hast du erfahren, dass alle Tiere Nahrung zu sich nehmen müssen. Doch damit allein ist es nicht getan: Jedes Tier muss außerdem atmen. Das bedeutet: einatmen, also frische Luft aufnehmen, und ausatmen, also verbrauchte Luft abgeben. Doch wozu der ganze Stress?

GEMEINE STECHMÜCKE (LARVE)

Klasse: Insekten

Größe: 7 bis 8 Millimeter

Höchstalter: nach ca. 3 Monaten Verwandlung zur Puppe

Lebensraum: Tümpel, Weiher, Teich, stehende Gewässer

Nahrung: Algen, Einzeller, Tier- und Pflanzenreste

Lebewesen verbrennen in ihren Körperzellen Nährstoffe; damit gewinnen sie die für alle Lebensvorgänge nötige Energie. Genau für diese Verbrennung wird das Gas Sauerstoff gebraucht. Es kann auf unterschiedliche Weise zu den Körperzellen gelangen. Ebenfalls auf verschiedenen Wegen wird das giftige Gas Kohlendioxid, das bei dieser Verbrennung entsteht, wieder aus dem Körper hinausbefördert.

Beim Menschen und bei allen Säugetieren gelangt der Sauerstoff über die Lunge und das Blut zu den Zellen. Dein Brustkorb hebt sich bei jedem Atemzug und es strömt Luft in deine Lunge. In den Lungenbläschen nehmen die roten Blutkörperchen den Sauerstoff auf und schaffen ihn durch die Adern zu den Körperzellen. Dort geben sie den Sauerstoff ab und nehmen Kohlendioxid auf. Das transportieren sie zurück zur Lunge und setzen es frei. Du atmest aus, dein Brustkorb senkt sich, das Kohlendioxid strömt hinaus und das Ganze beginnt von vorne. Diese Art der Atmung bezeichnet man als Lungenatmung.

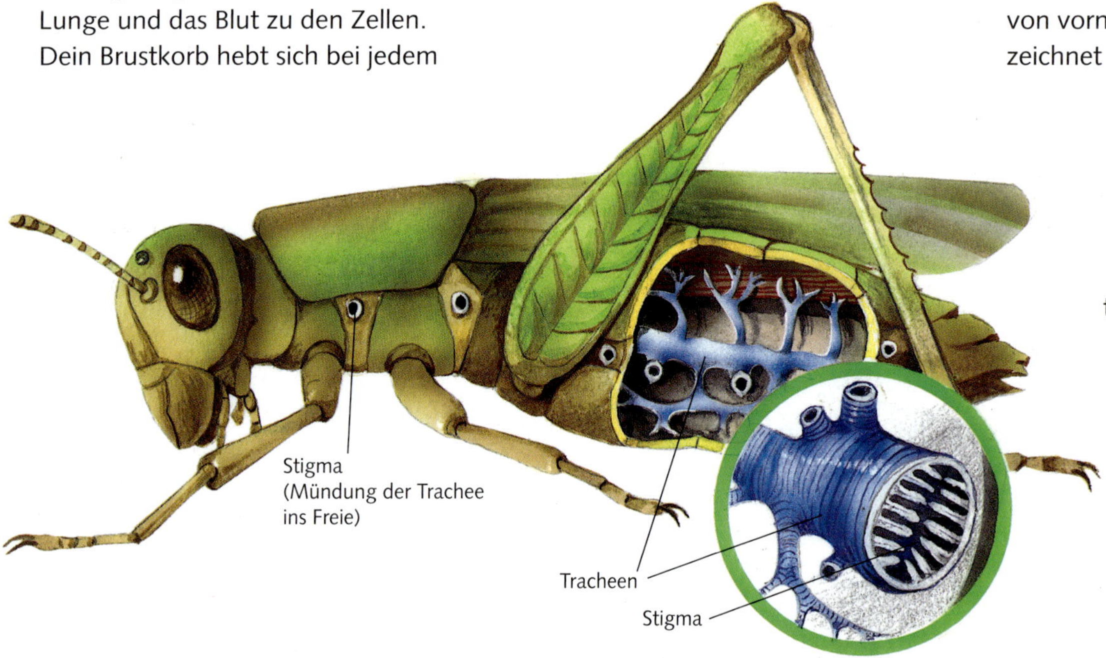

Insekten atmen über ein fein verzeigtes Netz von Atemröhren, die Tracheen.

Und wie sieht die Atmung bei den Minimonstern aus? Die Antwort darauf ist nicht ganz einfach. Die kleinen Krabbeltiere sind sehr unterschiedlich gebaut und gehören den verschiedensten Tiergruppen an. Dementsprechend mannigfaltig ist auch die Art und Weise, wie sie atmen.

Insekten haben keine Lunge. Ihr Mund dient nur

zum Fressen und ihr Blut transportiert weder Sauerstoff noch Kohlendioxid. Der Sauerstoff gelangt vielmehr durch ein fein verzweigtes Netz von Atemröhren, die so genannten Tracheen, zu den Zellen. Die Tracheen durchziehen den ganzen Körper und münden bei voll entwickelten Insekten in Brust und Hinterleib ins Freie. Luft wird in dieses Röhrennetz eingesaugt, indem das Insekt seinen Körper abflacht und zusammenzieht und anschließend wölbt und entspannt. Das Kohlendioxid wird teilweise über die Tracheen „entsorgt", zum größten Teil aber über die Körperoberfläche. Den Gasaustausch über Tracheen bezeichnet man als Tracheenatmung. Auch Tausendfüßer und die meisten Spinnentiere sind Tracheenatmer. Manche Spinnen haben allerdings Lungen.

Stechmücken sind Insekten und wie sie selbst atmen auch ihre Larven über Tracheen. Doch wie können die Larven Luft aufnehmen, wo sie doch ringsum von Wasser umgeben sind? Ganz einfach: mit einer Art Schnorchel! Jede Stech-

uf ein Neues!

ieses Experiment folgt dem alten Pfadfin- ergrundsatz „Jeden Tag eine gute Tat": Du ttest eine Stubenfliege, die ins Wasser ge- llen ist, vor dem sicheren Tod!

u brauchst:

Fliege, die ins Wasser gefallen und scheinbar leblos ist
alte Zeitung
Teelöffel Kochsalz

o geht's:

. Nimm die Fliege aus dem Wasser nd lege sie auf das Zeitungspapier.

. Streue nun das Salz über das er und warte ab.

. Nach einiger Zeit kommt Leben das Salzhäufchen; am Ende ppelt sich die Fliege hoch und hwirrt davon.

4. Deine Freundinnen und Freunde haben deine gute Tat mit angesehen und kriegen vor lauter Staunen die Münder nicht mehr zu. Jetzt glänzt du mit deinem Wissen: Die Fliege ist ein Tracheenatmer. Wenn Wasser in ihre Atemröhrchen eindringt, leidet sie unter Atemnot. Die inneren Organe werden nicht mehr mit Sauerstoff versorgt und sie wird bewusstlos. Das Salz, das du über sie gestreut hast, hat die Feuchtigkeit aus den Tracheen gesogen, und die Fliege ist wieder zum Leben erwacht. Echt stark!

mückenlarve besitzt am Körperende ein Atemrohr, das sie über die Wasseroberfläche hinaus in die Luft streckt. Im Atemrohr enden die Tracheen, die den ganzen Larvenkörper durchziehen.

Obwohl die Stechmückenlarve schwerer als Wasser ist, geht sie nicht unter. Das hat zwei Gründe: Zum einen speichert sie in ihrem Hinterleib Luft. Die verleiht der Larve Auftrieb, sodass der Schnorchel immer aus dem Wasser ragt. Zum anderen befindet sich beim Atemrohr ein Haarkranz. Er verhindert, dass die Larve untergeht, indem er die Oberflächenspannung des Wassers nutzt und die Larve oben hält (Abb. Seite 27). Wenn man eine Larve erschreckt, taucht sie ab. Wird ihr dann die Atemluft knapp,

SCHLAUE TAUCHER

Außer der Stechmückenlarve gibt es noch andere Tracheenatmer, die sich auf tolle Weise auf ein Leben unter Wasser eingerichtet haben: Die Wasserspinne legt sich zum Beispiel eine Luftblase an. Dazu webt sie zunächst ein Netz, das sie an Wasserpflanzen verankert. Dann strampelt sie sich mit ihren Beinen einen Luftvorrat unter den Bauch. Anschließend taucht sie hinab und lässt die Luft entweichen. Diese steigt auf, bleibt im Netz hängen und bildet so eine Art Taucherglocke, in die sich die Spinne dann hineinsetzt. Zur Jagd an der Oberfläche verlässt sie die Luftblase, zum Verspeisen der Beute kehrt sie aber immer zurück. Ähnlich clever ist der Gelbrandkäfer: Er nimmt sich unter den Deckflügeln, wo auch seine Atemröhren enden, einen Luftvorrat mit unter Wasser. Ist er aufgebraucht, muss der Käfer wieder an die Oberfläche und für Nachschub sorgen.

kommt sie wieder hoch. Das alles kannst du auch an der Larve in deiner Becherlupe beobachten.

Auch bei anderen Minimonstern ist die Atmung auf das Leben im Wasser eingestellt. Ein Beispiel dafür sind die Kaulquappen. So nennt man die Jungen von Fröschen oder Kröten, bevor sie sich in erwachsene Tiere verwandeln. (Achtung: Alle Lurche, zu denen die Frösche und Kröten gehören, stehen unter Naturschutz und dürfen nicht eingefangen werden. Das gilt auch für die Kaulquappen!)

Kaulquappe

Die Kaulquappe atmet wie ein Fisch mit Kiemen. Das sind Teile der Haut, die von vielen feinen Blutgefäßen durchzogen sind. Nach dem Schlüpfen im Frühjahr liegen diese Kiemen außerhalb, später innerhalb des Körpers. Mit ihnen filtert die Quappe den Sauerstoff aus dem Wasser, das die Kiemen umspült.

Ähnlich wie bei der Lungenatmung schnappen sich in den Kiemenäderchen rote Blutkörperchen den Sauerstoff, schaffen ihn zu den Zellen und nehmen anschließend Kohlendioxid auf. Danach kehren sie in die Kiemen zurück, wo sie ihre Last abladen, um sich neuen Sauerstoff greifen zu können.

Im Laufe der Verwandlung zum fertigen Frosch oder zur erwachsenen Kröte bilden sich die Kiemen zurück. Gleichzeitig wächst eine richtige Lunge in der Brust des Tieres, das schließlich im Frühsommer als Lungenatmer an Land geht.

Beim Regenwurm funktioniert die Atmung wieder ganz anders. Über seine feuchte Haut nimmt er Sauerstoff auf und gibt Kohlendioxid ab. Er hat weder eine Lunge noch Atemröhren. Auch seine Mundöffnung dient nicht zum Atmen, sondern ausschließlich zur Nahrungsaufnahme. Sauerstoff und Kohlendioxid werden direkt zwischen Haut und Blutkreislauf ausgetauscht. Diese Art der Atmung heißt Hautatmung.

Den Weitsprungrekordlern auf den Fersen

Nach der feuchten Erde und dem nassen Tümpel der letzten beiden Erkundungsgänge ist diese Station unserer Forschungsreise wohl tuend trocken und angenehm. Auf einer Wiese stoßt ihr im Hochsommer auf den Weitsprungspezialisten unter den Minimonstern: den **Grashüpfer**. *Er kann bis zu 20-mal so weit springen, wie er selbst lang ist; wenn er anschließend seine Flügel ausbreitet, kann er sogar noch weiter segeln. Nur vom Floh wird diese Leistung noch übertroffen.*

Becherlupen-Aktion 05/Tarnname: Grashüpfer

Damit du statt des Gemeinen Grashüpfers nicht einen seiner geschützten Verwandten erwischst, gehst du am sichersten auf einer landwirtschaftlichen Nutzwiese oder auf einem Feldweg auf die Pirsch. Dort sind kaum andere Heuschreckenarten zu Hause.

Du brauchst:

2 flinke Hände oder
1 Schmetterlingsnetz (siehe Seite 14) oder
1 kleinen Plastikeimer
deine Becherlupe

So wird's gemacht:

1. Zunächst gehst du langsam durch die Wiese. Bei jedem Schritt springen Grashüpfer in die Luft. Konzentriere dich auf einen von ihnen und beobachte, wo er landet.

2. Schleiche dich ganz langsam und vorsichtig an den Grashüpfer an, gehe mit ausgestreckten Händen in die Knie und ... schnapp ihn dir, indem du ihn zwischen deinen Handinnenflächen einsperrst!

3. Wenn du mit bloßen Händen nicht schnell genug bist, versuchst du es mit dem Schmetterlingsnetz, das du dir für den Kohlweißling gebaut hast, oder einem kleinen Plastikeimer. Halte das Netz oder den Eimer von schräg oben über den Grashüpfer. Beim nächsten Sprung katapultiert er sich dann wahrscheinlich direkt hinein.

4. Setze das Tier jetzt vorsichtig in die Becherlupe. Studiere vor allem seine auffällig großen Hinterbeine.

5. Nach einiger Zeit lässt du den Grashüpfer wieder frei: Setze ihn dir auf die Handfläche und lass ihn wegspringen. Merke dir seinen Landeplatz und miss, wie weit er gehüpft ist!

GEMEINER GRASHÜPFER

Klasse: Insekten

Größe: 13 bis 24 Millimeter

Höchstalter: ca. 5 Monate

Lebensraum: Garten, Wiese, trockenes Gelände

Nahrung: Gras und andere Pflanzen

Bei unseren bisherigen Erkundungen haben wir erfahren, wie Minimonster gebaut sind, wie sie sich in ihrer Welt zurechtfinden, wie sie sich ernähren und wie sie atmen. Doch um an Nahrung zu kommen, vor einem Feind zu fliehen, einen Partner zur Fortpflanzung zu finden oder einen neuen Lebensraum zu besiedeln, muss sich jedes von ihnen mehr oder weniger gut fortbewegen können.

Für dich ist es ganz selbstverständlich, dass du mit deinen beiden Beinen vorwärts läufst. Möchtest du schneller zu einem Ziel gelangen, steigerst du die Geschwindigkeit deiner Schritte, bis du schließlich rennst. Über ein bestimmtes Tempo kommst du dabei jedoch einfach nicht hinaus und nach einiger Zeit geht dir die Puste aus. Im Wasser kannst du dich zwar schwimmend fortbewegen – allerdings auch nur recht langsam und vor allem nicht sehr lange. Und fliegen können Menschen leider nur in Märchen oder Filmen.

Unsere Minimonster bewegen sich ebenfalls fort, aber sie tun dies zum Teil ganz anders als wir. Und so vielfältig wie sie selbst sind auch ihre Fortbewegungsarten, die immer an die Lebensweise und den jeweiligen Lebensraum der Winzlinge angepasst sind.

Den Weitsprungrekordlern auf den Fersen

Oft beherrscht ein Minimonster mehrere Fortbewegungsarten gleichzeitig. Viele Krabbeltiere sind sehr beweglich und zu außergewöhnlichen Leistungen fähig; das gilt vor allem für die Insekten.

Dein Grashüpfer bewegt sich hauptsächlich mittels seiner Beine fort. Meistens läuft er „ganz normal", gelegentlich legt er kurze Strecken auch hüpfend zurück. Die weiten Sprünge, mit denen er dir das Einfangen erschwert hat, vollführt der Grashüpfer jedoch nur, wenn er sich bedroht fühlt und fliehen will. Dann strecken sich seine Hinterbeine und schleudern ihn hoch durch die Luft nach vorne. Möglich wird diese tolle Leistung durch einen Sprungmechanismus, der sich jeweils zwischen dem Schenkel und der Schiene des Hinterbeins befindet. Er funktioniert wie eine Art Sprungfeder: Von den Muskeln des keulenförmigen Schenkels gespannt, schnellt er beim Sprung schlagartig los.

Sprungflug beim Grashüpfer

Sobald der Grashüpfer in der Luft ist, breitet er oft seine Flügel aus und gleitet davon: So wird der Sprung enorm verlängert. Zwar kann der Grashüpfer auch richtig fliegen, meistens benutzt er aber seine Flügel nur für diesen „Sprungflug".

Ganz anders als der Grashüpfer kommt der Regenwurm vom Fleck: Er kriecht. Er hat keine Gliedmaßen, die seinen Körper vorwärts bewegen. Vielmehr streckt er im Wechsel sein Vorderteil nach vorne und zieht anschließend das hintere Ende nach. Die Borsten an den Segmenten des Wurms sorgen dafür, dass das Vorderende beim Nachzie-

Spannkriechen beim Regenwurm

Eine Stubenfliege an der Zimmerdecke

hen des Hinterendes nicht vom Untergrund abrutscht. Diese Art der Fortbewegung bezeichnet man als „Spannkriechen". Auch viele Raupen – das sind die „Babys" der Schmetterlinge – kommen auf diese Art und Weise vorwärts.

annkriechen bei der Raupe

Wie wir schon beim Grashüpfer gesehen haben, wird bei den Minimonstern auch „normal" gelaufen: Beine heben den Körper vom Boden ab und bewegen ihn vorwärts. Dabei kommen viele kleine Tiere aber im Vergleich zu uns wesentlich schneller voran. Eine Schabe legt zum Beispiel bis zu 120 Zentimeter in der Sekunde zurück, also eine Strecke, die 40-mal so lang ist wie sie selbst. Ein Mensch schafft in einer Sekunde höchstens 10 Meter: Das ist nur etwa das 5- bis 6fache seiner Körperlänge.

Darüber hinaus kümmern sich etliche Minimonster beim Laufen weder um die Schwerkraft noch um die Beschaffenheit des Untergrundes: Die Stubenfliege krabbelt zum Beispiel senkrecht an Pflanzen, Wänden oder Glas-

Wurmlärm

Der Regenwurm besitzt Borsten an der Unterseite seines Körpers, die ihm beim Kriechen nützlich sind. Diese Borsten lassen sich mit dem Lupendeckel betrachten und mit den Fingern kannst du sie auch spüren. Doch hättest du gedacht, dass man die Borsten hören kann? Probier's aus!

Du brauchst:

1 Regenwurm
1 Blatt Papier
1 Schuhkarton

So geht's:

1. Lege das Blatt Papier über den offenen Schuhkarton.

2. Setze einen Regenwurm auf das Papier (auf Seite 21 ist beschrieben, wie du an einen herankommst).

3. Atme nun ganz flach und lege dein Ohr an den Schuhkarton. Tatsächlich – ein leises Kratzen ist zu vernehmen! Der Regenwurm verursacht es beim Kriechen mit den Borsten.

4. Wenn du genug gehört hast, setzt du den Regenwurm dorthin, wo du ihn aufgenommen hast, und deckst ihn mit Erde zu.

scheiben hoch und spaziert sogar kopfüber an der Decke herum. Möglich ist ihr das durch ein besonderes Merkmal an den Füßen: die Haftballen. Sie geben ihr wie Saugnäpfe auf glatten Flächen Halt. Ein anderes Beispiel: Wasserläufer – ihr Name sagt es bereits – gehen auf der Wasseroberfläche spazieren. Sie verteilen ihr Gewicht so geschickt über die langen Beine, dass sie die Oberflächenspannung des Wassers nicht durchbrechen.

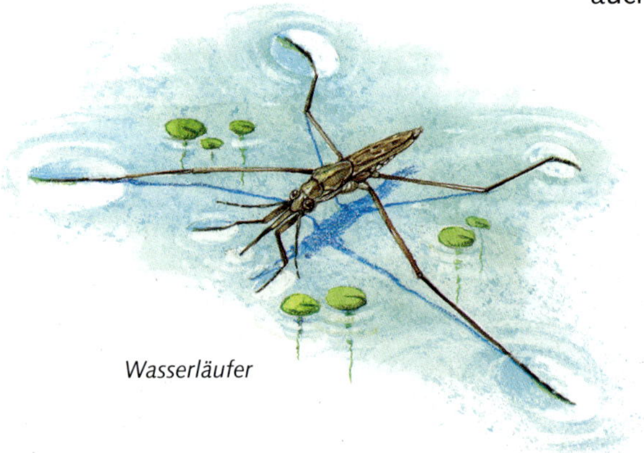

Wasserläufer

Auch im Wasser kommen viele Minimonster flink voran. Schwimmkäfer bewegen sich paddelnd vorwärts: Sie drücken die Beine nach hinten gegen das Wasser und nehmen so Fahrt auf. Der Taumelkäfer ist ein besonders flinker Ruderer. Seine abgeplatteten und mit Schwimmborsten besetzten Mittel- und Hinterbeine sind perfekte Paddel.

Der Taumelkäfer kann darüber hinaus auch fliegen (zwar wie alle Käfer nicht besonders gut, aber immerhin ...). Unter allen Minimonstern beherrschen nur die Insekten diese Fortbewegungsart. Eine beneidenswerte Fähigkeit – sie bewegen einfach die Flügel, heben ab und überwinden nahezu mühelos selbst große Entfernungen!

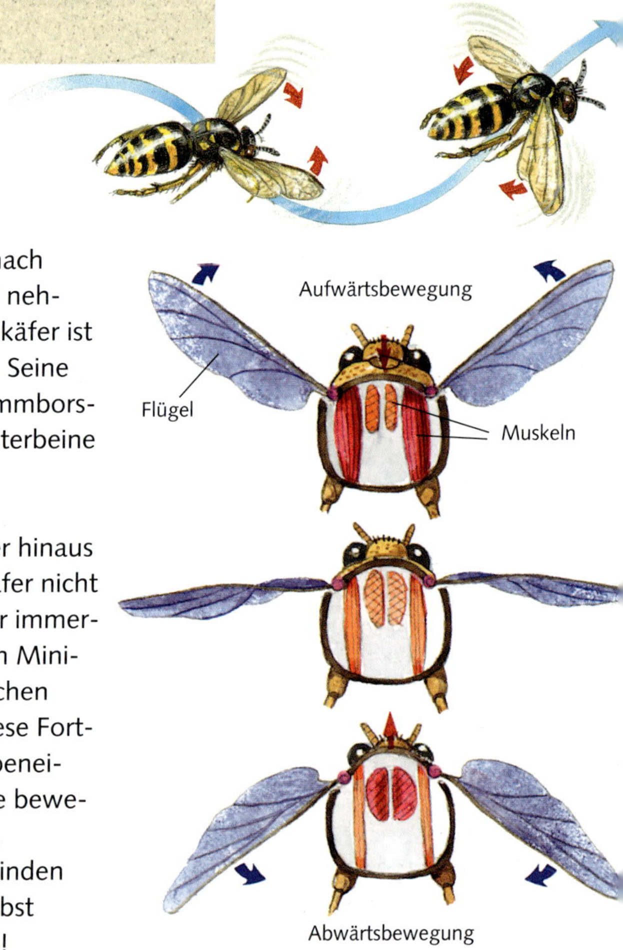

So schlägt eine Wespe mit den Flügeln.

Die meisten Insekten verfügen über 1 oder 2 Paar Flügel. Indem sie diese mehr oder weniger schnell auf- und abbewegen, erzeugen sie Auf- und Vortrieb, der sie nach oben und vorwärts bringt. Damit das auch klappt, sind ein geringes Körpergewicht, eine leistungsfähige Muskulatur und große „Tragflächen" erforderlich. Alle flugfähigen Insekten erfüllen diese Voraussetzungen.

Über eine besonders elegante Art der Fortbewegung verfügen viele Raupen und Spinnen: Sie seilen sich an einem Faden, den sie selbst herstellen, ab oder lassen sich vom Wind durch die Luft pusten. Schön wär's, wenn wir genauso mühelos zur nächsten Station unserer Forschungsreise gelangen könnten! Aber nachdem wir uns ausgeruht und gestärkt haben, schaffen wir das auch auf unsere altmodische Art: auf Schusters Rappen.

MINIMONSTER MIT DÜSENANTRIEB

Manche Libellenlarven – so nennt man junge Libellen – bewegen sich im Tümpel oder Teich auf ganz besondere Art und Weise fort: Sie können Wasser, das sie zum Atmen aufgenommen haben, blitzartig aus ihrem Enddarm hinauspumpen. Dadurch entsteht wie bei einem Düsentriebwerk ein Rückstoß, der die Larve durch die Fluten treibt.

Nervenkitzel bei den Jägern und Fallenstellern

Genug mit den Grashüpfern auf der Sommerwiese herumgetollt! Jetzt wird's mal wieder richtig gruselig. Achtung: Nur für Kinder mit viel Mumm und Nerven wie Drahtseilen! Vor den Minimonstern dieser Etappe fürchten sich so viele Menschen, dass es für diese Angst sogar ein eigenes Fremdwort gibt: „Arachnophobie", was so viel bedeutet wie Angst vor … ja, erraten – Spinnen.

Fürchten musst du dich vor ihnen allerdings nicht: Die meisten Arten sind völlig harmlos und die wenigen wirklich gefährlichen leben nur in warmen Ländern weit weg. Spinnen sind dem Menschen sogar sehr nützlich: Sie fressen Unmengen von Insekten, die sonst überhand nehmen würden.

Einen Vertreter dieser interessanten Tiere wollen wir uns näher ansehen: die **Kreuzspinne***. Vor allem im Spätsommer ist sie häufig in Gärten, Gebüsch und lichten Nadelwäldern zu beobachten.*

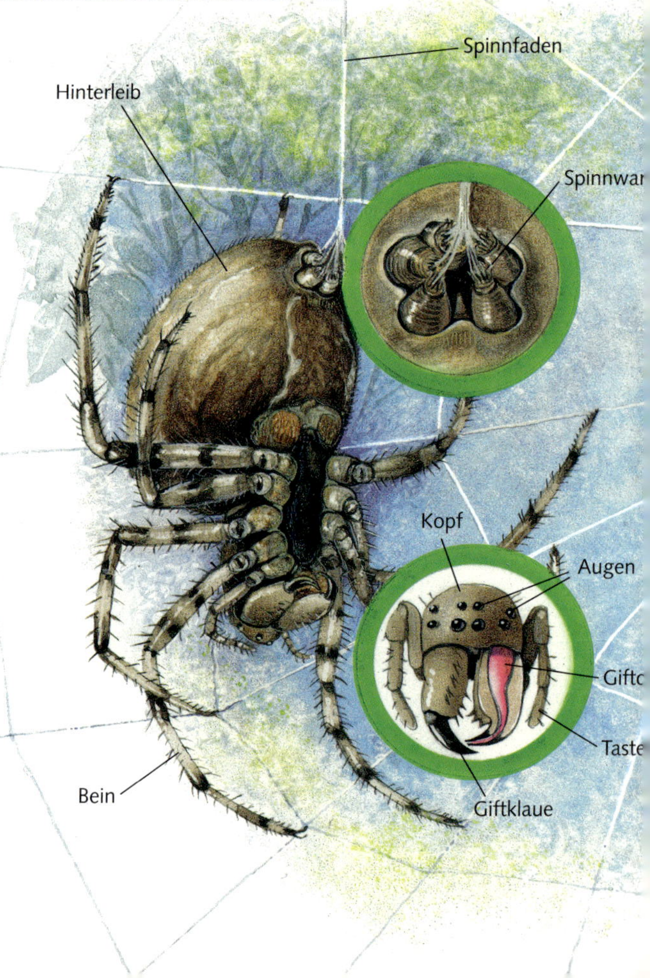

Becherlupen-Aktion 06/Tarnname: Kreuzspinne

Mit am spannendsten an diesem Minimonster ist das kunstvolle Radnetz, das es mit unermüdlichem Fleiß webt. Für jeden gestandenen Naturforscher ist es jedoch ein Muss, auch die Spinne selbst einmal hautnah in der Becherlupe zu haben.

Du brauchst:

1 Stöckchen
deine Becherlupe
starke Nerven

So wird's gemacht:

1. Streife durch den Garten, das Gebüsch oder den Wald und halte Ausschau nach Spinnennetzen. Besonders am frühen Morgen oder nach einem Regenschauer sind sie leicht zu finden: Dann glitzern Tau- oder Regentröpfchen und zeichnen die Netze wunderschön nach.

2. Wenn du fündig geworden bist, gehst du ganz vorsichtig heran und ... doch halt! Sperre das Tier nicht gleich in die Becherlupe ein, sondern studiere es erst eine Weile mit bloßem Auge oder mit dem Lupendeckel. Wenn du Glück hast, ist die Spinne gerade noch damit beschäftigt, ihr Netz fertig zu weben. Noch toller ist es, wenn du Zeuge wirst, wie sie ein Beutetier lähmt und einspinnt, das sich in ihrem Netz verfangen hat.

3. Hast du die Kreuzspinne dann lange genug „in freier Wildbahn" beobachtet, bugsierst du sie flink mit einem Stöckchen in den Becher. Deckel drauf, geschafft! Achte darauf, dass du ihr Netz bei dieser Aktion möglichst nicht beschädigst.

4. Betrachte dir nun die Spinne. Besonders interessant sind ihre Giftklauen, ihre Beine und die Spinndrüsen am Ende des Hinterleibs. Halte nach ein paar Minuten die Becherlupe an das Spinnennetz, öffne den Deckel und lass das Tier wieder entkommen.

Bei unserer Beschäftigung mit dem Regenwurm haben wir erfahren, dass alle Tiere Nahrung in Form von Pflanzen oder anderen Tieren zu sich nehmen müssen. Nun kann zum Beispiel ein Grashalm vor einem Grashüpfer nicht davonlaufen, doch eine Fliege lässt sich nicht so ohne weiteres von einem anderen hungrigen Minimonster verspeisen. Fleischfresser müssen daher Jagd auf ihre Beute machen. Auch hier zeichnen sich unsere Minimonster durch eine große Vielfalt aus.

Alle Spinnen ernähren sich von anderen Tieren und haben dazu verschiedene Jagdtechniken entwickelt. Die der Kreuzspinne und anderer Webspinnen ist besonders beeindruckend: Sie bauen aus Seidenfäden ein klebriges Netz und warten dann einfach in aller Ruhe ab, bis sich ein Beutetier von selbst darin verfängt. Die Fäden stellen sie

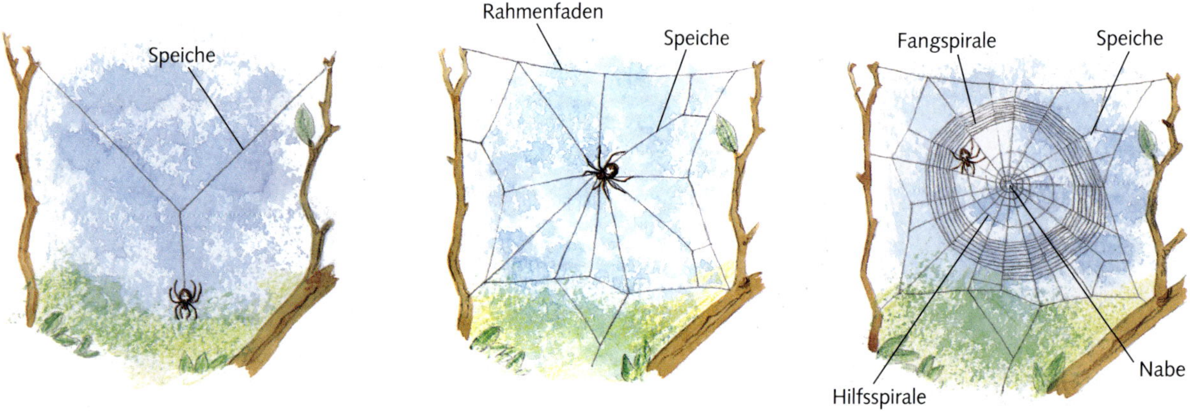

mit ihren Spinnwarzen her, die sich am Ende des Hinterleibs befinden.

Beim Bau ihres kunstvollen Netzes geht die Kreuzspinne immer nach dem gleichen Plan vor. Zuerst spannt sie ein paar Rahmenfäden und dazwischen dann die Speichen. Anschließend webt sie die Mitte des Netzes, die so genannte Nabe. Danach läuft sie spiralförmig um die Nabe herum nach außen und legt eine Hilfsspirale. Hat sie diese fertig gestellt, baut sie die eigentliche Fangspirale ein. Nur sie besteht aus Klebefaden; alle anderen Teile des Netzes sind für mögliche Opfer wie auch für die Spinne selbst ungefährlich. Sobald die Fangspirale fertig ist, frisst die Spinne die Hilfsspirale auf, setzt sich auf die Unterseite der Nabe und wartet ab.

Wenn dann ein Insekt in das Netz hineinfliegt, bleibt es an den klebrigen Fäden hängen. Durch sein Zappeln verheddert es sich noch mehr und alarmiert die Spinne. Die eilt herbei, lähmt die Beute mit ihren Giftklauen, wickelt sie ein und saugt sie schließlich aus.

Die Spinne bleibt in ihrem eigenen Netz nicht hängen, weil sie ja weiß, welche der Fäden

GEMEINE KREUZSPINNE

Klasse: Spinnentiere

Größe: 10 (Männchen) bis 20 Millimeter (Weibchen)

Höchstalter: ca. 18 Monate

Lebensraum: Gärten, Gebüsch, lichte Wälder, hochwüchsige, stauden- und grasreiche Wiesen

Nahrung: hauptsächlich Insekten

kleben und welche nicht. Außerdem ölt sie ihre Füße regelmäßig mit einer Flüssigkeit ein. Die verhindert, dass die Spinne selbst festklebt, falls sie doch einmal einen Klebefaden berührt.

Nicht alle Spinnen bauen Netze. Jagd- und Springspinnen erbeuten ihre Opfer anders. Sie lauern im Hinterhalt,

Schaurig-schönes Spinnennetz

Mit diesem Netz kannst du verhindern, dass deine Geschwister in deinem Geheimversteck herumschnüffeln. Auch als Dekoration für gruselige Vampirpartys ist es bestens geeignet.

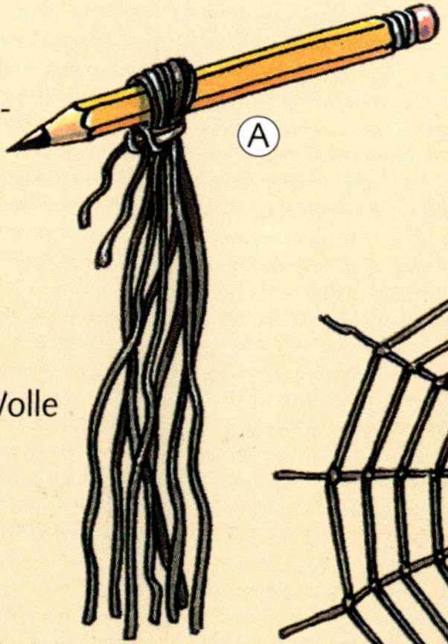

Du brauchst:

1 Knäuel dünne, schwarze Wolle
1 Schere
die Plastikspinne aus deiner Becherlupe

So wird's gemacht:

1. Schneide vom Wollknäuel 6 ca. 50 Zentimeter lange Fäden ab. Das werden die Speichen des Netzes.

2. Hänge die Fäden so über einen Bleistift oder Zahnstocher, dass sie vorne und hinten gleich lang sind. Knote sie oben mit einem kurzen Bindfaden zusammen. Vergleiche dazu die Abbildung.

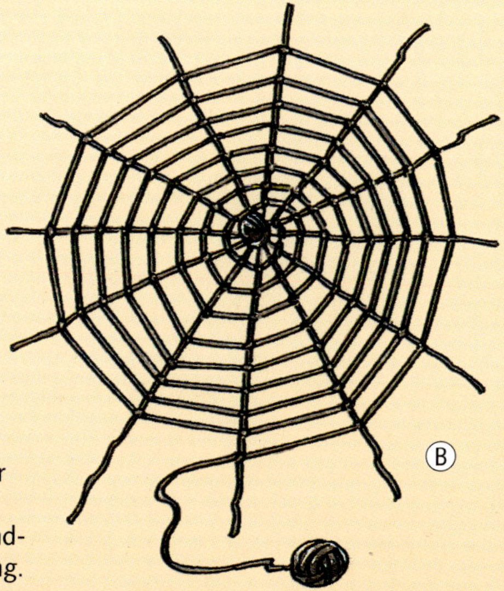

3. Ziehe den Bleistift heraus, lege die Speichen mit dem Knoten in der Mitte vorsichtig auf den Tisch und binde das Ende des Knäuels im Netzmittelpunkt fest.

4. Jetzt nimmst du das Knäuel und führst es von Speiche zu Speiche um den Mittelpunkt herum in einer Spirale nach außen. An jedem Speichenfaden befestigst du den „Spiralfaden", indem du ihn mit einer Schlinge festknotest. Die Windungen der Spirale sollten ungefähr 2 Zentimeter Abstand voneinander haben.

5. Wenn du an den Speichenenden angelangt bist, schneidest du den Wollfaden ab und verknotest das Ende ordentlich.

6. Fertig ist das Spinnennetz! Jetzt brauchst du es nur noch mit ein paar Wollfäden an geeigneter Stelle aufhängen und die Plastikspinne in die Mitte setzen. Der Horrorschocker für alle neugierigen Schnüffelnasen!

Die Kreuzspinne lähmt ein Opfer.

bis eine Beute nahe genug herankommt. Dann rennen oder springen sie blitzschnell los und überwältigen das Opfer.

Auch bei den Insekten gibt es gewiefte Jäger. Der Gelbrandkäfer, den wir als wendigen Taucher kennen gelernt haben (Seite 30), ist eine tödliche Gefahr für Kaulquappen, Fische und kleine Frösche. Wie alle Käfer ist er recht leicht; die Atemluft, die er unter seinen Flügeldecken speichert, verleiht ihm zusätzlich Auftrieb. So kommt es, dass er zur Wasseroberfläche emporschnellt, sobald er aufhört zu paddeln. Diesen Umstand nutzt der Gelbrandkäfer bei der allabendlichen Jagd im Tümpel. Er taucht hinab und packt mit den Mittel- und Hinterbeinen ein Beutetier. Da er nun nicht mehr paddelt, schießt er wie ein Korken an die Wasseroberfläche. Dort

Der Gelbrandkäfer hat eine Kaulquappe gepackt.

verspeist er dann seinen Fang in aller Seelenruhe.

Die friedlich und niedlich anmutenden Marienkäfer sind so gefährliche und gnadenlose Jäger, dass der Mensch sie sogar gezielt für die Schädlingsbekämpfung einsetzt. Jeder Marienkäfer frisst unablässig Blattläuse, seine Lieblingsspeise. Mit dem abgenommenen Lupendeckel kannst du gut beobachten, wie sich die kleine Fressmaschine unaufhaltsam durch ganze Blattlauskolonien hindurchfuttert.

Der Marienkäfer frisst eine Blattlaus.

Mit diesem etwas schauerlichen Anblick endet die Forschungsetappe. Bei der nächsten Erkundung werden wir allerdings sehen, dass die Gejagten den Jägern nicht immer schutzlos ausgeliefert sind.

SUPERSEIDE

Die hauchdünnen Seidenfäden, die Spinnen herstellen, sind extrem reißfest und belastbar. Jedes Seil ist ab einer bestimmten Länge so schwer, dass es durch sein eigenes Gewicht reißt. Beim Faden der Spinne ist das erst ab einer Länge von 70 Kilometern der Fall! Und bevor ein Spinnfaden reißt, kann man ihn dehnen, bis er ungefähr ein Drittel länger ist als zuvor. Zum Vergleich: Ein Stahlseil reißt bereits, wenn man es um ein Zehntel seiner ursprünglichen Länge dehnt!

Von Ausreißern, Schauspielern und Verkleidungskünstlern

Nach einer ausgiebigen Rast im Basislager treibt es uns weiter zur nächsten Etappe. Dort stoßen wir auf ein weiteres gefährliches Monster: Es hat verblüffende Ähnlichkeit mit einer Biene, Wespe oder Hummel. Mit einem Wespenstachel hast du bestimmt schon einmal schmerzhaft Bekanntschaft gemacht, oder?

Doch der erste Eindruck täuscht. Das Forscherteam findet schnell heraus, dass die **Schwebfliege** *– so heißt das „Untier" – ein ganz harmloser Schauspieler ist. Um sich vor Feinden zu schützen, macht diese Verwandte der Stubenfliege einen auf Stechwespe. In Wirklichkeit tut sie keiner Fliege etwas zuleide. Blütenreiche Gärten und Wiesen sind vom Frühjahr oder Frühsommer bis in den Spätherbst ihre bevorzugten Weidegründe. Wie die Biene sammelt sie dort Blütenstaub und Nektar und bestäubt Pflanzen.*

Becherlupen-Aktion 07/Tarnname: Schwebfliege

Auch viele Grab-, Lehm- und Wegwespen ahmen mit ihrer Zeichnung und Färbung die Echten Wespen nach. Schau dir daher zuerst die große Abbildung genau an, damit du nicht einen dieser Nachahmer oder gar ein „Original“ belästigst.

Die gegürtelte Schwebfliege, die wir fangen wollen, hört auf den lateinischen Namen „Episyrphus balteatus“; sie ist viel kleiner und schmaler als eine Wespe. Sehr gut zu erkennen ist sie an ihrem Flug: Wie ein Hubschrauber steht sie schwirrend über den Blüten. Wenn du dir nicht sicher bist, was du vor dir hast, fragst du besser jemanden, der sich auskennt.

Du brauchst:

deine Becherlupe
flinke Hände

So wird's gemacht:

1. Gehe vorsichtig durch den Garten oder die Wiese. Konzentriere dich auf die Blüten von Blumen und Sträuchern in windstiller, sonniger Lage. Dort ist die Schwebfliege meistens anzutreffen.

2. Wenn du ein solches Tierchen entdeckt hast, nimmst du den Lupendeckel ab. Halte ihn in der einen und den Becher in der anderen Hand. Dann wartest du, bis die Schwebfliege so richtig ins Futtern vertieft ist.

3. In einem günstigen Moment schnappst du zu – Schnelligkeit ist Trumpf! Du bewegst Deckel und Becher von beiden Seiten geschwind auf die Schwebfliege zu und sperrst sie ein.

4. Betrachte dir nun die Schwebfliege. Richte dein Augenmerk vor allem auf ihren gelbschwarz gestreiften Hinterleib. Zeichne das Tier in deinem Notizbuch ab und lass es anschließend wieder frei.

Unsere Minimonster haben viele Feinde. Vor allem die Insekten dienen Fröschen, Eidechsen, Fischen, Vögeln, Mäusen und größeren Säugetieren wie Fuchs und Dachs als Nahrung – mancherorts sogar dem Menschen. Natürlich machen viele Minimonster auch Jagd auf ihre Mitmonster: Spinnen fressen Fliegen, Wespen ernähren sich von Raupen, Laufkäfer verspeisen Regenwürmer usw.

Die Beutetiere sind den Fleischfressern und ihren ausgefeilten Jagdtechniken jedoch nicht schutzlos ausgeliefert. Auf mannigfaltige Art können sie sich vor dem Gefressenwerden schützen.

Die erste Möglichkeit: Flucht! Der Käfer rennt weg, der Schmetterling flattert davon und der Grashüpfer rettet sich durch einen gewaltigen Sprung. Viele Raupen und andere Tiere lassen sich einfach zu Boden fallen und stellen sich tot.

Um die eigene Haut zu retten, opfern einige Minimonster sogar einen

Bloß schnell weg hier!

Bei diesem Versuch kannst du beobachten, wie sich verschiedene Tierchen, die in und am Boden leben, vor dir aus dem Staub machen!

Du brauchst:

1 Schaufel
1 Unterlage (Karton oder Plastiksack)
deine Becherlupe

So geht's:

1. Geh in den Wald und suche dir eine Stelle, die dick mit Laub bedeckt ist. Breite daneben die Unterlage auf dem Boden aus.

2. Hebe nun mit der Schaufel etwas Laub und Erde aus und streue sie locker auf die Unterlage. Knie dich dann schnell auf den Boden und beobachte, wie die verschiedenen Spinnen, Käfer, Ameisen, Tausendfüßer und anderen Kleintiere, die im Laub und in der Erde leben, fliehen oder sich tot stellen. Besonders kleine Krabbeltierchen nimmst du mit dem Lupendeckel in Augenschein.

Die Heuschrecke opfert dem Frosch ein Hinterbein.

Körperteil: Heuschrecken geben zum Beispiel eines ihrer Beine dran; es löst sich an einer „Sollbruchstelle". Während der Räuber sich noch über den mageren Fang wundert, ist die Heuschrecke längst über alle Berge.

Viele Tiere kommen allerdings nicht so schnell vom Fleck. Für sie heißt es: Widerstand leisten. Häufig verderben Haare, Dornen oder Schmutz den Jägern die Mahlzeit. Manche Tiere verlassen sich auch auf eine „Rüstung": Käfer haben einen harten Panzer, Schildläuse schützen sich durch eine Wachsschicht, Zikadenlarven verstecken sich hinter einem Wall aus Schaum, dem „Kuckucksspeichel".

Schwammspinnerraupe

Viele Minimonster gehen sogar noch weiter. Ihre Losung lautet: Angriff ist die beste Verteidigung! Während Käfer mit ihren starken Oberkiefern „nur" beißen, spritzen Ameisen zusätzlich Gift. Die Stinkwanze verdankt ihren Namen einer unangenehm riechenden Flüssigkeit, die sie bei Gefahr absondert. Die wirkungsvollsten Waffen sind jedoch die Giftstachel von Bienen und Wespen. Ihr Stich kann sogar dem Menschen gefährlich werden.

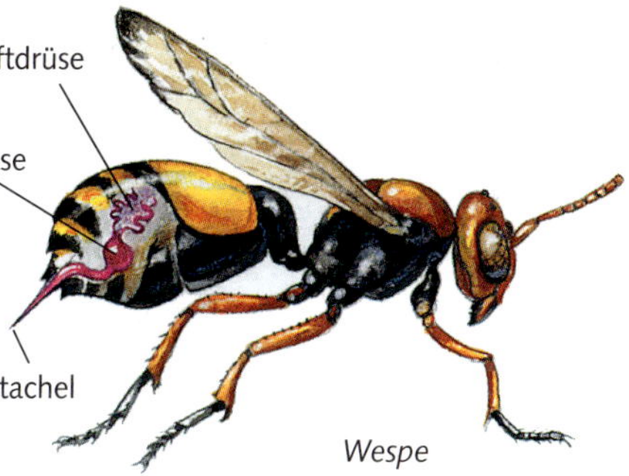

Wespe

Weil der Ausgang von Flucht und Verteidigung immer ungewiss ist, versuchen viele Beutetiere sie von vornherein zu vermeiden. Das geht auf vielerlei Art. Am besten ist es natürlich, von einem Räuber gar nicht erst wahrgenommen zu werden. Viele Tiere sind daher mit ihrer Körperfarbe und -zeichnung perfekt an ihre Umgebung angepasst. Diese Erscheinung bezeichnet man als Tarnung. Die grünlich gelbe Raupe des Kohlweißlings ist zum Beispiel auf einem Kohlblatt kaum zu erkennen.

Raupe des Kohlweißlings

ECHT ÄTZEND!

Der Bombardierkäfer verfügt über eine geniale Waffe, die im Tierreich ihresgleichen sucht: Mit einem hörbaren Knall feuert er aus seinem Hinterleib eine kochend heiße, stinkende und ätzende Brühe auf seine Feinde. Sie setzt sich aus mehreren Bestandteilen zusammen, die erst kurz vor dem „Schuss“ in einer Kammer im Hinterleib zusammenfließen. Dabei kommt es zu einer chemischen Reaktion und die Temperatur des Gemisches steigt auf bis zu 100 °C. Außerdem entsteht ein Überdruck, der die Brühe schließlich explosionsartig hinausschleudert. In 5 Minuten kann der Bombardierkäfer bis zu 30 Salven abfeuern – und dabei auch noch sehr genau treffen!

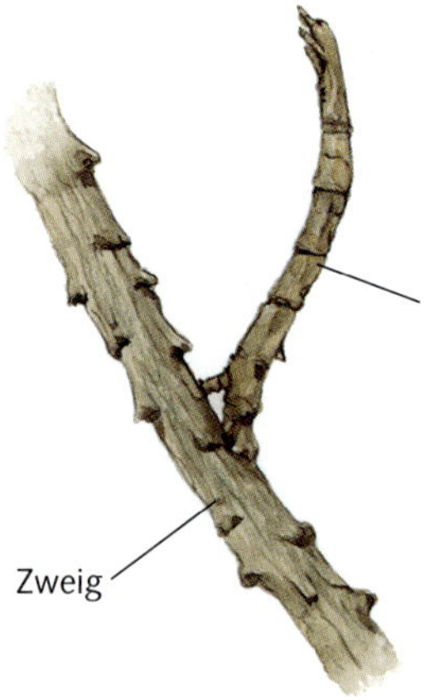

Eine besondere Form der Tarnung ist die „Mimese“. So nennt man es, wenn sich ein Tier als Teil seiner Umgebung oder als ein anderes Tier „verkleidet“. Manche Spannerraupen ahmen zum Beispiel ein Ästchen nach. Und dafür interessiert sich keine Wespe und kein Vogel!

Die Mimese funktioniert allerdings nur bei Tieren, die sich nicht viel bewegen. Unsere Schwebfliege und viele andere Tiere nutzen daher eine andere Methode, um von Feinden in Ruhe gelassen zu werden. Sie schrecken diese ab, indem sie in Aussehen und Verhalten ein wehrhaftes oder widerlich schmeckendes Tier nachahmen. Diese Maskerade bezeichnet man als „Mimikry“.

SCHWEBFLIEGE

Klasse: Insekten

Größe: 7 bis 11 Millimeter

Höchstalter: ca. 1 Jahr

Lebensraum: blütenreiche Gärten und Wiesen

Nahrung: Nektar und Blütenstaub

Die Schwebfliege sieht einer Wespe verblüffend ähnlich: Aufgrund ihrer Zeichnung, ihrer Größe und ihres

Raupe des Großen Gabelschwanzes

Summens hält man sie leicht für einen gefährlichen Giftstachelträger.

Die Raupe des Großen Gabelschwanzes erschreckt ihre Angreifer mit einem täuschend echten Scheingesicht. Und mit ihrer auffälligen roten Färbung versucht die Feuerwanze einem Feind vorzumachen, dass sie widerlich schmeckt oder vielleicht sogar giftig ist. Für die Mimikry gibt es nicht nur bei den Minimonstern, sondern im gesamten übrigen Tierreich zahllose weitere Beispiele.

Viele Minimonster nutzen gleich mehrere dieser Möglichkeiten, um dem Gefressenwerden zu entgehen. Die Raupe des Großen Gabelschwanzes versucht es immer erst mit Tarnung: Das Grün ihres Körpers ist vom Blattgrün kaum zu unterscheiden. Wird sie jedoch bedroht, bläst sie ihr Scheingesicht auf.

Von all dem Verkrümeln, Versteckspielen und Verkleiden schon ganz verwirrt, beenden wir diese Etappe und kehren ins Basislager zurück. Auf dem Rückweg plaudern wir über die Entdeckungen, die wir gemacht haben. Ob die Minimonster auch über uns reden? Können sie sich überhaupt unterhalten? Wenn ja, wie? Das wollen wir auf der vorletzten Etappe unserer Forschungsreise herausfinden!

Dem Geheimnis der Fühlersprache auf der Spur

War auf den letzten beiden Etappen viel vom Fressen und Gefressenwerden die Rede, geht es dem Expeditionsteam jetzt um etwas weit Friedlicheres: die Verständigung von Minimonstern untereinander.

Um diesen Bereich näher zu erforschen, wagst du dich zusammen mit Maria, Alex und Humboldt in das Staatsgebiet der **Schwarzen Wegameisen** *vor. In Gärten, Wiesen und an Waldrändern bauen sie ihre Nesthügel. Dort wuseln sie von den ersten Frühlingstagen bis in den Herbst hinein geschäftig herum. Vor allem bei Sonnenschein sind sie sehr aktiv. In den kalten Monaten verkriechen sie sich dagegen tief in die Erde.*

Becherlupen-Aktion 08/Tarnname: Schwarze Wegamei

Ameisen beißen und spritzen mit Säure, wenn man ihnen zu nahe tritt. Außerdem zeigen sie das Verhalten, auf das es uns hier ankommt, in Gefangenschaft nicht. Wir sperren die Ameisen daher nicht ein, sondern untersuchen sie nur mit dem Lupendeckel in ihrer natürlichen Umgebung.

Du brauchst:

den Lupendeckel deiner Becherlupe

So wird's gemacht:

1. Gehe vorsichtig durch den Garten oder die Wiese bzw. am Waldrand entlang und halte Ausschau nach Schwarzen Wegameisen. Sieh dir vorher die große Abbildung gut an, damit du nicht aus Versehen Rote Waldameisen belästigst. Die stehen nämlich unter Naturschutz!

2. Hast du die Tiere entdeckt, findest du bald die Ameisenstraße. Ameisen ohne Last flitzen in die eine Richtung. Ihnen kommen in langen Kolonnen Artgenossen entgegen, die Nistbaumaterial und Nahrung schleppen. Knie dich behutsam hin und betrachte dir das emsige Hin und Her vorsichtig unter der Lupe.

Kein Minimonster lebt für sich allein. Neben Freunden und Feinden, die zu anderen Tierarten zählen, ist jedes Lebewesen natürlich auch von Angehörigen der eigenen Art umgeben. Damit das Zusammenleben zwischen ihnen funktioniert, müssen sie sich miteinander „unterhalten" können. Vor allem Staaten bildende Insekten wie Ameisen, Bienen und Wespen kommen nicht ohne Verständigung aus. Bei ihnen teilen sich auf engem Raum viele tausend Tiere Aufgaben

3. Verfolge dann den Weg der Minimonster auf der Ameisenstraße. Am einen Ende liegen entweder die Jagdgründe der Ameisen oder ihre „Läusеställe". Die Schwarzen Wegameisen halten sich nämlich Blattläuse in regelrechten Kolonien als „Haustiere". Die Läuse scheiden eine Flüssigkeit aus, die man Honigtau nennt. Die Ameisen lieben ihn heiß und innig und „melken" daher die Läuse. Beobachte unter deiner Lupe, wie eine Ameise eine Blattlaus dazu bringt, ihr ein Tröpfchen Honigtau zu geben.

4. Am anderen Ende der Straße befindet sich das Nest der Schwarzen Wegameisen. Nimm dir auch dort viel Zeit, das geschäftige Treiben ausgiebig mit der Lupe zu studieren. Achte vor allem darauf, wie sich die Tierchen mit ihren Fühlern und Vorderbeinen gegenseitig berühren.

Eine Ameise bettelt eine andere um Futter an.

wie Nahrungsbeschaffung und Nachwuchspflege – klar, dass das ohne Verständigung nicht recht funktionieren würde. Allerdings verfügen unsere Minimonster nicht über eine gesprochene Sprache wie wir Menschen. Sie übermitteln die Informationen an ihre Artgenossen anders.

Ein Ameisenvolk setzt sich aus vielen Arbeiterinnen, einer oder mehreren Königinnen und ein paar Männchen zusammen. Die Arbeiterinnen sind im Nest mit der Versorgung der Königin, der Brutpflege und dem Nestbau beschäftigt. Besonders kräftige Arbeiterinnen, die Soldaten, verteidigen das Nest gegen Eindringlinge. Außerhalb des Nesthügels übernehmen andere Arbeiterinnen die Aufgabe, Nahrung und Baumaterial herbeizuschaffen.

Die Königin ist nur für das Eierlegen zuständig; dabei wird sie laufend von ihrem Hofstaat versorgt. Die einzige Aufgabe der Männchen oder Drohnen, die es nur für kurze Zeit im Sommer gibt, ist die Befruchtung von weiblichen Ameisen; nur aus ihnen können später Königinnen werden. Nach dem Hochzeitsflug sterben die Drohnen.

In vielen verschiedenen Situationen kann man beobachten, wie sich die Angehörigen eines Ameisenvolkes

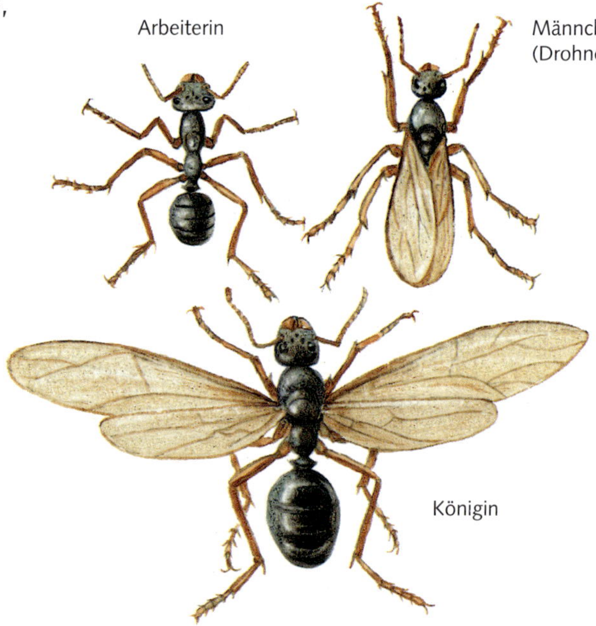

SCHWARZE WEGAMEISE (ARBEITERIN)

Klasse: Insekten

Größe: ca. 3 bis 4 Millimeter

Höchstalter: bis zu 10 Jahre

Lebensraum: Rasenflächen, Gärten (in Mauerspalten und unter Steinen), Wiesen, Waldränder

Nahrung: Honigtau, Insekten und andere kleine Tiere

verständigen. Die Königin und die Larven haben jeweils einen besonderen Trick, den Arbeiterinnen zu „sagen", dass sie sie pflegen sollen: Sie scheiden Flüssigkeiten aus, auf die die Arbeiterinnen ganz wild sind; wenn die sie dann ablecken, putzen sie „ganz nebenbei" die Königin oder die Larve.

Arbeiterinnen, die im Nest tätig sind, haben keine Möglichkeit, sich selbst mit Nahrung zu versorgen – das erledigen die „Außendienst-Arbeiterinnen" für sie. Wenn eine von ihnen mit Nahrung in das Nest zurückkommt, teilen ihr die Innendienstlerinnen mit, dass sie hungrig sind: Sie betteln die Heimkehrerin an, indem sie deren Fühler oder Vorderbeine mit ihren eigenen „betrillern". Die Sammlerin oder Jägerin lässt dann ein Tröpfchen Nahrung zwischen ihren Mundwerk-

Eine Arbeiterin bei der Pflege der Larven

TANZ MAL WIEDER!

Die Honigbienen übermitteln ihren Artgenossen im Bienenstock mit Tänzen, wo sich eine lohnende Nahrungsquelle befindet. Dabei können sie deren Lage erstaunlich genau beschreiben. Der Rundtanz bedeutet: Futterquelle innerhalb eines Umkreises von weniger als 100 Metern. Mit dem Schwänzeltanz wird eine Nahrungsquelle gemeldet, die weiter weg liegt. Je größer die Entfernung ist, desto langsamer tanzt die Biene. Auch die Richtung, in der die anderen Bienen fliegen müssen, wird durch den Tanz mitgeteilt: Die Mittellinie zwischen den beiden getanzten Kreisen zeigt an, wie die Futterquelle zur Sonne liegt.

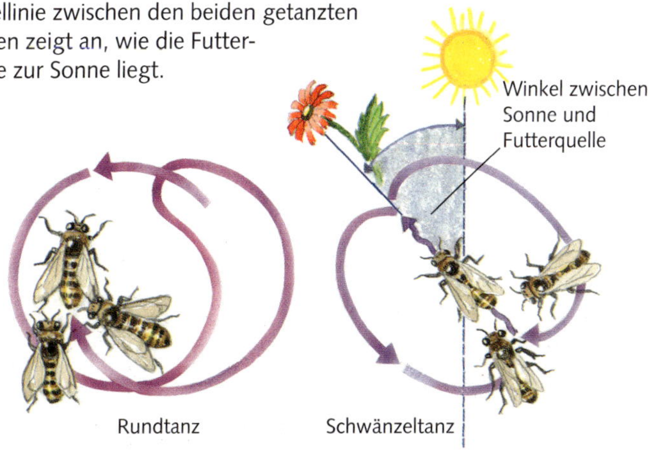

zeugen hervortreten. Es wird von den „Bettlerinnen" gierig aufgenommen, die die Nahrung auf die gleiche Weise an andere Arbeiterinnen weitergeben. Außerdem belecken und putzen sich die Tiere gegenseitig. Das alles stärkt den Zusammenhalt des Volkes.

Durch das Betrillern teilen sich die Arbeiterinnen auch mit, wo es Nahrung zu holen gibt. Wenn eine Gefahr droht oder das Nest beschädigt wurde, werden die anderen Ameisen durch sehr heftiges Betrillern alarmiert. Und bevor eine Arbeiterin nach einem Ausflug in das Nest eingelassen wird, prüfen Wächter durch Betrillern zuerst, ob sie zum Volk gehört.

Außerhalb des Nestes unternehmen die Außendienstlerinnen weite Streifzüge, um Nahrung und Baumaterial herbeizuschaffen. Damit sie auch wieder nach Hause finden, legen sie Duftspuren. Auf diese Weise teilen sie einander aber nicht nur mit, wo es langgeht, sondern auch, wo es was zu holen gibt: je lohnender das Ziel, umso stärker die Duftspur. Die Duftspuren werden mit den Fühlern gerochen und halten sehr lange.

Wenn sich eine junge, unerfahrene Arbeiterin zu weit vom Nest entfernt hat, wird sie von einem älteren Tier zurückgetragen. Dazu muss die junge Ameise eine Traghaltung einnehmen, also Beine und Fühler eng anlegen und ihren Körper steif machen. Durch

Ameisenplausch

Dieses lustige Spiel zeigt dir, dass es möglich ist, sich auch ohne gesprochene Sprache zu verständigen.

Du brauchst:

eine(n) Mitspieler(in)

So wird gespielt:

1. Setzt euch hintereinander auf den Boden.

2. Die Ameise, die hinten sitzt, schreibt oder malt der anderen Ameise mit dem Finger ein Wort oder ein Bild auf den Rücken.

3. Die vorne sitzende Ameise muss erraten, worum es sich handelt. Solange sie das nicht schafft, darf die hintere Ameise weitermachen. Bekommt sie es heraus, tauscht ihr die Plätze und das Ganze geht von vorne los.

Betrillern macht ihr die Trägerin klar, dass sie in diese Haltung gehen soll.

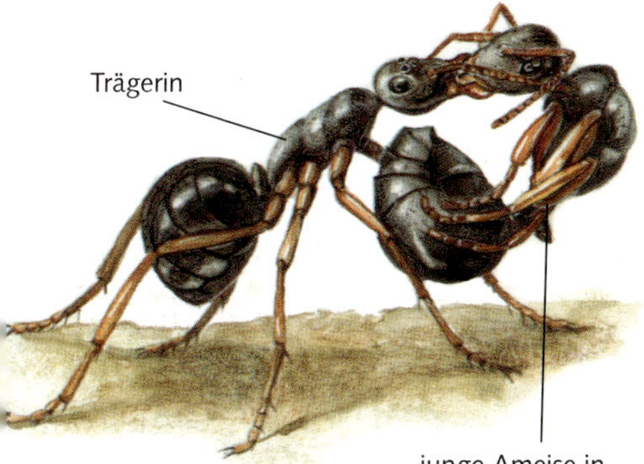

Über diese Körpersprache hinaus können sich viele Ameisen ähnlich wie Grillen auch mit Lauten verständigen. Meistens handelt es sich bei dieser „Musik" um Ultraschalltöne, die wir Menschen nicht hören können. Die Ameisen hingegen nehmen sie mit sehr empfindlichen „Ohren" in ihren Vorderbeinen wahr.

Auch bei Tieren, die keine Staaten bilden, ist die Verständigung wichtig – besonders für die Fortpflanzung und Arterhaltung, denn die Minimonster müssen ja einen Partner finden und umwerben. Wie sich Nachtfaltermännchen mit Hilfe von Duftstoffen, so genannten Pheromonen, zu paarungswilligen Weibchen durchschnüffeln, kannst du auf Seite 18 nach lesen. Besonders interessant ist auch das Verhalten der Glühwürmchen: Die Männchen dieser Leuchtkäferart finden mit Hilfe von Leuchtsignalen zu ihren Weibchen. Sowohl Männchen als auch Weibchen können mit dem Hinterleib Licht erzeugen und sich damit verständigen.

Die flugunfähigen Weibchen klettern in warmen Sommernächten an Grashalmen hoch. Die Männchen schwirren suchend über ihnen herum und senden Leuchtsignale aus. Die Weibchen nehmen diese wahr und blinken zurück. An der Helligkeit und Dauer ihres Blinkens erkennen die Männchen die Weibchen. Sie landen und es kommt schließlich zur Paarung. Damit sind wir auch beim Thema der letzten Etappe unserer Forschungsreise: der Fortpflanzung und Entwicklung von Minimonstern.

In der Kinderstube der gepunkteten Halbkugelmonster

Puh, beinahe geschafft! Bisher hat das Expeditionsteam allen Strapazen und Gefahren mutig getrotzt. Jetzt bietet es noch einmal alle Kräfte auf und begibt sich auf den letzten Erkundungsgang. Dabei geht es um eine bohrende Frage, die dich ebenso wie Maria, Alex und Humboldt sicher schon seit einiger Zeit beschäftigt: Wo kommen im Frühjahr und Sommer die Minimonster eigentlich her? Fallen die Würmer, Fliegen, Käfer und Spinnen einfach so vom Himmel?

Um Antwort darauf zu bekommen, schlagt ihr euch zum Reich der von den Blattläusen gefürchteten Halbkugelmonster durch. Wir nennen sie ganz harmlos **Marienkäfer***; wegen ihres Appetits auf Blattläuse und ihres putzigen Aussehens sind sie bei uns sehr beliebt.*

Je nach Art tragen die Marienkäfer unterschiedlich viele Punkte auf ihren Flügeldecken und ebenso vielfältig sind die Tierchen auch gefärbt. Der

Entwicklung des Marienkäfers

bei uns bekannteste und häufigste Marienkäfer ist der Siebenpunkt. Man findet ihn ab den ersten warmen Frühlingstagen im Garten, auf Wiese und Feld sowie am und im Wald. Vor allem auf Rosenstauden ist er häufig anzutreffen, denn dort wimmelt es meistens vor Blattläusen.

Becherlupen-Aktion 09/Tarnname: Marienkäfer

Um herauszufinden, wo die lustigen Halbkugeln herkommen, brauchst du zwar mehr Zeit als bei den anderen Etappen. Doch sind die Wege, die du zurücklegen musst, sehr kurz: Der Balkon oder Garten ist nur ein paar Schritte vom Basislager entfernt. Es ist also kein Problem, den Stand der Dinge dort regelmäßig zu überprüfen.

Du brauchst:

etwas Geduld und Zeit
deine Becherlupe

So wird's gemacht:

1. Schau dich auf dem Balkon oder im Garten nach Marienkäfern um. Meistens findest du sie auf Pflanzen, die von Blattläusen befallen sind, zum Beispiel auf Rosenstauden, Sommerblumen und Gemüse.

2. Nimm ein verlaustes Blatt und lege es in deine Becherlupe. Setze anschließend einen Marienkäfer dazu. Ihn einzufangen ist nicht weiter schwierig – du kannst ihn einfach von der befallenen Pflanze „pflücken". Studiere, wie der Käfer gebaut ist, und beobachte, wie er die Blattläuse vertilgt.

3. Setze den Marienkäfer anschließend wieder auf die Pflanze und untersuche diese genau. Mit etwas Glück ist ein anderer Marienkäfer gerade dabei, Eier zu legen. Wenn nicht, suchst du die Pflanze nach schon gelegten Eiern ab. Sie sind gelb und sehen aus wie winzige Rugbybälle. Begutachte sie mit dem Lupendeckel und merke dir die Stelle, an der sie kleben.

4. Gehe von nun an alle zwei bis drei Tage zu den Eiern. Sieh nach, was sich dort tut, und führe darüber Buch. Nach einer Woche schlüpfen die Marienkäferlarven aus den Eiern und stürzen sich sofort auf die Blattläuse. Schau dir die Larven ebenfalls unter der Lupe an.

5. Besuche deine Pflanze weiter alle zwei oder drei Tage. In den nächsten drei bis vier Wochen fressen sich die Larven dick und rund und häuten sich viermal. Schließlich verpuppen sie sich.

6. Ein bis zwei Wochen später entschlüpfen den Puppen dann fertige Marienkäfer. Wenn du regelmäßig Buch geführt hast, kannst du dir jetzt ihre Entwicklung noch einmal im Ganzen vor Augen führen.

SIEBENPUNKT-MARIENKÄFER

Klasse: Insekten

Größe: ca. 6 bis 8 Millimeter

Höchstalter: ca. 18 Monate

Lebensraum: Gärten (vor allem Rosenstauden), Wiesen, Felder, Waldränder, Wälder

Nahrung: Blattläuse, Schildläuse

Die Menschen und alle Säugetiere bringen lebende Babys oder Junge zur Welt, die bei der Geburt wie Miniaturausgaben ihrer Eltern aussehen. Sie sind zwar noch viel kleiner, aber in den wichtigsten Körpermerkmalen stimmen sie bereits mit ihnen überein. Bei den Minimonstern ist das ganz anders. Die meisten von ihnen ähneln bei ihrer Geburt den erwachsenen Tieren überhaupt nicht und auch ihre Entwicklung verläuft ganz anders.

Fast alle Minimonster schlüpfen aus befruchteten Eiern, die die weiblichen Tiere nach der Paarung legen. In der Regel sind das nicht nur ein oder zwei Eier, sondern eine ganze Menge. Ein durchschnittliches Marienkäferweibchen bringt es zum Beispiel auf 800 Eier. Und noch weit mehr sind es bei der Stubenfliege.

Eier des Tagpfauenauges

Nachdem das Weibchen die Eier gelegt hat, kümmert es sich meistens nicht mehr um sie. Sie bleiben sich selbst überlassen und sind oft schutzlos Feinden ausgeliefert. Genau deshalb ist es sinnvoll, dass die Eier so zahlreich sind: Dadurch gibt es trotzdem immer Nachwuchs, denn es fallen den Räubern nie alle Eier zum Opfer.

Je nach Minimonster verläuft die weitere Entwicklung dann sehr unterschiedlich. Wir wollen daher nur verfolgen, wie es bei den Insekten weitergeht. Bei ihnen reifen in den Eiern die so genannten Larven heran. Sie tragen manchmal auch andere Namen: Die Larven der Fliegen bezeichnet man als Maden, die der Schmetterlinge als Raupen.

Junge Tagpfauenaugen-Raupen

Das Marienkäfer-Daumenkino

Damit kannst du deinen kleinen Geschwistern auf anschauliche Weise erklären, wie sich ein Minimonster entwickelt. Es eignet sich jedoch auch gut als Geschenk für eine Freundin oder einen Freund.

Du brauchst:

1 kleinen Block
verschiedene Stifte

So wird's gemacht:

1. Male auf das erste Blatt des Blocks ein Marienkäferei. Blättere dann um und male auf das zweite Blatt noch ein Ei. Ändere die Form aber so, dass es schon ein bisschen einer Larve ähnelt. Blättere wieder um

und male ein drittes Ei, das jetzt noch mehr wie eine Larve aussieht.

2. Auf das vierte Blatt zeichnest du schließlich eine Marienkäferlarve. Ihre Form veränderst du dann entsprechend von Blatt zu Blatt, bis du über die Puppe schließlich zum Marienkäfer gelangst.

3. Zum Schluss malst du alle Figuren aus und beschriftest den Umschlag (zum Beispiel mit „Marias Marienkäfer-Daumenkino“). Wenn du jetzt den Block über den Daumen laufen lässt, kannst du verfolgen, wie sich das Ei über die Larve und die Puppe in einen Marienkäfer verwandelt. Ist doch echt super!

Wenn nach ein paar Tagen die Larven aus den Eiern geschlüpft sind, kennen sie nur eines: fressen, fressen und nochmals fressen. Die Larven werden dadurch immer größer und dicker. Schließlich wird es ihnen zu ungemütlich in ihrer Haut. Sie sprengen sie wie ein zu enges Kleid und werfen sie ab. Diesen Vorgang bezeichnet man als Häutung. Davor hat sich unter der alten Haut schon eine neue gebildet; die Larven sind also nach der Häutung nicht „nackt“. Die meisten Larven häuten sich mehrmals.

Eine Raupe bei der Häutung

Schließlich ziehen sich die Larven an einen geschützten Ort zurück und verwandeln sich in so genannte Puppen. Viele Insekten spinnen sich bei diesem Vorgang, den man als Verpuppung bezeichnet, in eine schützende Seidenhülle – einen „Kokon“ – ein. Das ist überlebenswichtig: Während der Verpuppung und im darauf folgenden Puppenstadium können sich die Tiere nicht bewegen und wären Feinden schutzlos ausgeliefert.

Puppe

Das Tagpfauenauge schlüpft aus seiner Puppenhülle.

In der Puppenruhe findet auf sehr komplizierte Weise ein vollständiger Umbau des Larvenkörpers statt. Am Ende dieser Entwicklung steht das erwachsene Tier, das Vollinsekt. Es bricht nach der Puppenruhe die Puppenhülle auf und schlüpft heraus. Von nun an besteht sein Lebenszweck ausschließlich darin, zu fressen und sich fortzupflanzen. Damit beginnt der Kreislauf von vorne.

Das fertige Tagpfauenauge

Den gesamten Vorgang, bei dem ein Minimonster aus einem Ei über mehrere Entwicklungsstufen zum erwachsenen Tier heranreift, bezeichnet man als „Metamorphose“. Dieses Fremdwort bedeutet so viel wie „Formenwandel“ oder „Verwandlung“.

Die meisten Insekten durchlaufen eine so genannte vollkommene Verwandlung mit den Stufen: Ei, Larve, Puppe, Imago (Vollinsekt). Von den Tieren, die du bislang erforscht hast, gilt das für die Stubenfliege, den Kohlweißling, die Stechmücke, die Schwebfliege, die Ameise und den Marienkäfer.

Tagpfauenaugen bei der Paarung

Entwicklung des Grashüpfers

Bei vielen Insekten fehlt aber das Puppenstadium. Außerdem sind ihre Larven, die man als Nymphen bezeichnet, den Vollinsekten schon sehr ähnlich. Mit jeder Häutung werden sie größer und gleichen ihren Eltern mehr. Bei der letzten Häutung kommt schließlich das Vollinsekt zum Vorschein. Diese Art der Metamorphose bezeichnet man als unvollkommene Verwandlung. Der Grashüpfer entwickelt sich so.

Auch der Regenwurm und die Kreuzspinne legen Eier. Aus den Regenwurmeiern entwickeln sich kleine Würmchen, die aber kein Larvenstadium durchlaufen. Bei der Kreuzspinne ist es ähnlich wie bei den Insekten: Das Weibchen legt seine Eier in einen Eikokon. Daraus schlüpfen kleine Spinnennymphen, die sich über mehrere Häutungen zu Jungspinnen entwickeln.

Junge Kreuzspinnen nach dem Schlüpfen

SEID FRUCHTBAR UND MEHRET EUCH ...

Stubenfliegen sind ungeheuer fruchtbar und vermehren sich rasant. Die Entwicklung ihrer Eier zu erwachsenen Fliegen dauert nur knapp 2 Wochen. Die Fliegenmutter legt währenddessen fleißig weiter. Und ihre ersten Nachkommen können sofort selbst wieder Eier legen. Eine Fliege, die Mitte April mit der Eiablage beginnt, könnte es so bis Mitte September auf 5 000 000 000 (in Worten: fünf Billionen) Nachkommen bringen! Zum Glück haben da Fliegenliebhaber wie Spinnen und Frösche noch ein Wörtchen mitzureden ...

Ausgemonstert!

Nach neun abenteuerlichen Etappen sind wir am Ende unserer Forschungsreise angelangt. Erschöpft, aber zufrieden mit der Fülle an neuen Erkenntnissen kehren wir ins Basislager zurück. Jetzt gibt es noch einiges zu erledigen: Die Ausrüstung muss verstaut, das Basislager aufgeräumt werden. Dann ist es an der Zeit, die Aufzeichnungen zu ordnen und vielleicht in Bücherei oder Buchhandlung weiterführendes Lesefutter zu besorgen.

Wenn du dich intensiver mit der Natur in deiner Umgebung beschäftigen möchtest, erkundigst du dich im Umweltreferat deiner Stadt oder bei den örtlichen Vereinen und Schulen nach entsprechenden Aktivitäten. Du kannst dich auch an die folgenden Naturschutzgruppen wenden. Dort sagt man dir, ob und wo es eine Gruppe in deiner Nähe gibt.

- **Aktion Ameise**, Monika Hildebrand, Ahornstraße 5, Saasen, 36286 Neuenstein, Tel. 06677/82 92 (abends).
- **BUNDjugend**, Friedrich-Breuer-Straße 86, 53225 Bonn, Tel. 0228/46 70 05.
- **Deutsche Tierschutzjugend**, Vinckestraße 91, 44623 Herne, Tel. 02323/5 16 16.
- **Deutsche Waldjugend**, Jörg Franz, Auf dem hohen Stein 3, 58675 Hemer, Tel. 02372/66 08 49.
- **Greenteam**, Greenpeace Kinder- und Jugendprojekt, Große Elbstraße 39, 22767 Hamburg, Tel. 040/30 61 80.
- **Jugend des deutschen Alpenvereins im Deutschen Alpenverein e.V.**, Von-Kahr-Straße 2–4, 80997 München, Tel. 089/1 40 03-0.
- **Naturfreundejugend Deutschlands**, Bundesleitung, Haus Humboldtstein, 53424 Remagen, Tel. 02228/9 41 50.
- **Österreichische Naturschutzjugend**, Bernd Müller, Oberarnsdorf 29, A-5112 Lamprechtshausen, Tel. 06274/74 56 (aus Deutschland und der Schweiz: 0043/6274/74 56).
- **Pro Natura** – Schweizerischer Bund für Naturschutz, Jugendabteilung, Postfach, CH-4020 Basel, Tel. 061/3 17 92 55 (aus Deutschland und Österreich: 0041/61/3 17 92 55).

Mini-Minimonster-Lexikon

Antenne Sinnesorgan am Kopf vieler Minimonster, mit dem sie riechen und fühlen.

Art → Klasse.

Atmung Vorgang, bei dem die Körperzellen mit Sauerstoff versorgt werden und Kohlendioxid aus dem Körper geschafft wird.

Außenskelett Panzerartige Hülle, die den Körper vieler Minimonster umgibt und zusammenhält.

Bakterien Winzige Lebewesen in Boden, Wasser und Luft. Manche Bakterien zerlegen tote Tiere und Pflanzen in ihre Grundbestandteile und dienen selbst anderen Lebewesen als Nahrung. Andere sind wichtig für die Verdauung.

Befruchtung Verschmelzen von Ei- und Samenzelle; dabei entsteht neues Leben.

Chitin Leistungsfähiger, zäher und leichter Stoff, aus dem z.B. das Außenskelett von Insekten besteht.

Ei Ovales oder kugelförmiges Gebilde mit Hülle, das von einem weiblichen Tier erzeugt wird und in dem ein Jungtier heranreift.

Energie Fähigkeit, Arbeit zu verrichten. Eine gespannte Feder besitzt Energie.

Facettenauge Aus vielen hundert Einzelaugen zusammengesetztes Auge vieler Minimonster.

Fortpflanzung Erzeugung von Nachkommen durch Eltern.

Fühler → Antenne.

Häutung Regelmäßiges Abwerfen und Erneuern der äußeren Hautschicht bei Insekten, Spinnen und Krebsen.

Klasse Einheit im System der Tiere und Pflanzen, die mehrere Ordnungen umfasst. Eine Ordnung besteht aus Familien. Zu jeder Familie gehören Gattungen, die sich aus mehreren Arten zusammensetzen.

Kohlendioxid Farb-, geruch- und geschmackloses Gas, das bei jeder Verbrennung entsteht.

Kokon Seidenhülle, in die sich viele Insektenlarven bei der Verpuppung einspinnen.

Larve Jugendform von Tieren, die eine Metamorphose durchlaufen.

Membran Dünnes Häutchen, z.B. zwischen Zellen. Manche Membranen wandeln Schwingungen in Nervenreize um.

Metamorphose Verwandlung, die viele Minimonster beim Heranwachsen durchlaufen. Die vollkommene Verwandlung umfasst vier Entwicklungsstufen: Ei, Larve, Puppe, Vollinsekt. Bei der unvollkommenen Verwandlung schlüpft aus dem Ei eine Nymphe, die sich ohne Puppenstadium über Häutungen in ein erwachsenes Minimonster verwandelt.

Mimese Äußerliche Ähnlichkeit eines Minimonsters mit anderen Tieren, Pflanzen oder Gegenständen. Sie schützt das Minimonster vor Fressfeinden.

Mimikry Äußerliche Ähnlichkeit eines harmlosen Minimonsters mit gefährlichen oder widerlich schmeckenden Tieren. Sie schreckt Fressfeinde ab.

Mundwerkzeuge Zum Packen, Zerkleinern und Aufnehmen von Nahrung umgeformte Gliedmaßen.

Nymphe Larve eines Minimonsters, das eine unvollkommene Verwandlung durchläuft.

Puppe Jugendform von Tieren, die eine vollkommene Verwandlung duchlaufen.

Sauerstoff Farb-, geruch- und geschmackloses Gas, das fast alle Lebewesen zum Leben benötigen.

Säugetier Wechselwarmes Lebewesen, dessen Junge mit Muttermilch gesäugt werden. Der Mensch zählt zu den Säugetieren.

Segment Glied eines Tierkörpers, z.B. beim Regenwurm. Ein segmentierter Rumpf besteht aus lauter gleichartigen Abschnitten.

Sinnesorgan Körperteil zur Wahrnehmung von Sinneseindrücken. Die wichtigsten Sinne sind: Gesichts-, Gehör-, Geruchs-, Tast- und Geschmackssinn.

Tarnung Färbung, Zeichnung oder Form eines Tieres, die es an seine Umgebung anpasst, sodass es vor Fressfeinden sicher ist.

Trachee Atemröhre bei Insekten, Tausendfüßern und einigen Spinnen. Über die Tracheen wird Sauerstoff zu den Körperzellen gebracht und Kohlendioxid abtransportiert.

Unvollkommene Verwandlung → Metamorphose.

Verdauung Alle Vorgänge im Körper, die für die Zerlegung der Nahrung und für die Versorgung der Körperzellen mit Nährstoffen verantwortlich sind.

Verpuppung Verwandlung von der Larve in die Puppe bei der vollkommenen Verwandlung.

Vollinsekt Fertig ausgebildetes, geschlechtsreifes Insekt, das eine Metamorphose durchlaufen hat; auch Imago genannt.

Vollkommene Verwandlung → Metamorphose.

Wirbellose Alle Lebewesen, die keine Wirbelsäule besitzen.

Schlagwortverzeichnis